AF371986

Javier Marín.
La entereza de los cuerpos despedazados

Primera edición: febrero, 2015

© del texto: Néstor Braunstein, 2015
© de las imágenes de la obra de Javier Marín:
Archivo Javier Marín

© Vaso Roto Ediciones, 2015
España
C/ Alcalá 85, 7º izda.
28009 Madrid
México
Apartado Postal 443, Col. Del Valle
San Pedro Garza García, N. L., 66220

vasoroto@vasoroto.com
www.vasoroto.com

Diseño de cubierta: Josep Bagà

Impreso en España
Imprenta: Kadmos

ISBN: 978-84-16193-06-6
BIC: AGB
Depósito legal: M-18320-2014

Néstor Braunstein

Javier Marín

La entereza de los cuerpos despedazados

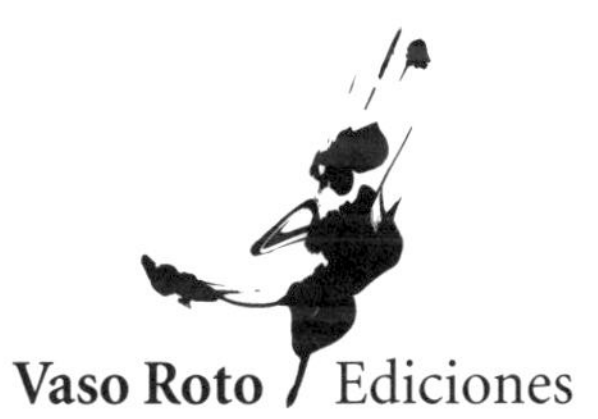

Vaso Roto / Ediciones

Rodin convirtió su memoria en un recurso a la
vez confiable y disponible. En cada sesión con el
modelo, su ojo capta mucho más de lo que puede
registrarse en un instante. No olvida nada de lo
que ha visto y, con frecuencia, la obra concreta
comienza, brotando del rico arsenal de su memoria,
solo después de que el modelo se haya ido.
Rainer Maria Rilke

Para mí, hacer escultura es autoanálisis.
Javier Marín

Necesito trabajar solo; cuando me doy cuenta,
ya terminé una escultura y nada más queda el
recuerdo de que algo pasó, como en un sueño.
Todas ellas son autorretratos puestos en cajas muy
bonitas, son quinientos mil (javiermarines) que hay
dentro de mí, que se escapan y se esconden en cada
escultura que realizo.
Javier Marín

Léase con precaución:
del psicoanalista como crítico de arte

Me dispongo a comentar la obra escultórica de Javier Marín. Es él un artífice de la transformación: convierte la frágil memoria en sólida materia que es dura y perdura. Traduce el espíritu en bronce y barro. Hace tangibles sus espectros.

Me resuelvo a escribir sobre él en mi condición de psicoanalista; por lo tanto, comienzo por confesar que no soy crítico de arte aunque, en cuanto consumado espectador y expectante consumidor, pueda considerarme un aficionado. En lengua foránea –aunque precisa– me designaré como *amateur*. Debo confesar también, de entrada, mi admiración por el artista y por su obra: me comprometo a *no* ser objetivo, aunque, eso sí, también a argumentar sobre mi posición subjetiva haciéndome responsable por ella.

Me pregunto: ¿Estoy en verdad autorizado para abordar la obra de un artista? ¿Qué o quién me autoriza? ¿No estoy traspasando límites?

Aclaremos: el psicoanálisis no es un método ni una herramienta para la crítica de arte. Puede ayudar, desde una perspectiva propia, diferente a las demás, a observar las obras y a enriquecer los comentarios o las hipótesis, si se evitan los juicios apresurados por parte de quien lo practica o, quizá, se arriesgan conjeturas razonables. Las conclusiones son, y serán siempre, relativas e inciertas. Jamás el analista pretenderá alcanzar la *verdad* de la obra de arte. Verdad que no yace en su discurso, ya sea más o menos freudiano o de otro tipo, sino en la obra misma. Irreductible a los discursos.

Sus opiniones no son refutables, pero corren el riesgo de ser ridículas. ¿Qué derecho le autoriza a emitir una sola palabra? La libertad de palabra, ofrecida a todos y cada uno, no basta. Hay que ganársela.

La doctrina freudiana goza de un campo esencial de aplicación que consiste en la realidad clínica, el padecimiento, de ciertos –no de todos– seres humanos que experimentan dificultades y sufren. Puede decirse que ese campo del dolor anímico está bastante alejado de la valoración estética de productos artísticos y que, en principio, es poca la incumbencia que tiene en esta tarea de la crítica de arte. El psicoanalista trata con el sufrimiento, no con la belleza.

En la práctica, el doctor aplica un método consistente en la escucha del discurso del sujeto que demanda un análisis. Como las obras de arte no hablan y no piden entrevistarse con un analista, no pueden ser psicoanalizadas.

Javier Marín podrá hacer sus quinientos mil autorretratos. Ninguno de ellos es material para interpretaciones. Tan solo dan lugar a la mirada crítica, y eventualmente, mal que pese a los regañones guardianes del museo, al tacto. *Se mira y no se toca.*

Es indebido, y hasta agresivo, aplicar el método inventado por Freud a cualquier artista cuando no se lo juzga a partir de lo que dice en la sesión de análisis, sino de sus producciones artísticas.

Quien se analiza, el *analizante*, es siempre un *sujeto* (nunca un objeto), y lo analizado es siempre un conjunto de enunciados, de frases dichas en el análisis. Nunca se interpretan los objetos producidos por alguien aunque puedan ser textos y tener una forma literaria: poemas, novelas, anécdotas, autobiografías, expresiones habladas o escritas fuera del escenario de la sesión.

Menos aún cuadros, esculturas, sinfonías o fotografías.

Y menos todavía a los autores de esas obras.

El psicoanalista puede aventurarse a formular ideas sobre lo que siente o percibe al contacto con esas obras llamadas artísticas. Eso no lo distingue, sino que lo iguala a cualquier otro espectador, *amateur* o no, capaz de formular juicios estéticos; de con-moverse con la obra, con el artista, con los otros espectadores.

El analizado, en ese caso, es el psicoanalista mismo. A partir de lo que dice, habla y escribe. No se expone la obra de arte: quien se expone es el comentarista. Es a él a quien Javier Marín interpela mientras que él mismo, como escultor, es interpelado por la obra que produjo. Desde ella todos los puntos lo miran y lo interrogan.

Sin embargo, algo queda y no se puede ignorar: la experiencia clínica, el análisis del propio analista, el conocimiento de los procesos oníricos y las metamorfosis del material diurno –que acaban en una configuración imaginaria y en un relato que llamamos sueño– autorizan ciertas (e inciertas) tentativas para aproximarse a los procesos de elaboración artística.

Un sueño es la materialización imaginaria de una idea, de un deseo. Algo de sueño (en realidad mucho) hay en un producto artístico. Si el sueño es enigmático y es diferente de la realidad cotidiana, también enigmática y extraña es la obra.

Hay cierto parentesco entre la elaboración de un sueño, experiencia común a todos los humanos, y la elaboración de esculturas como las de Marín. Los procesos retóricos de

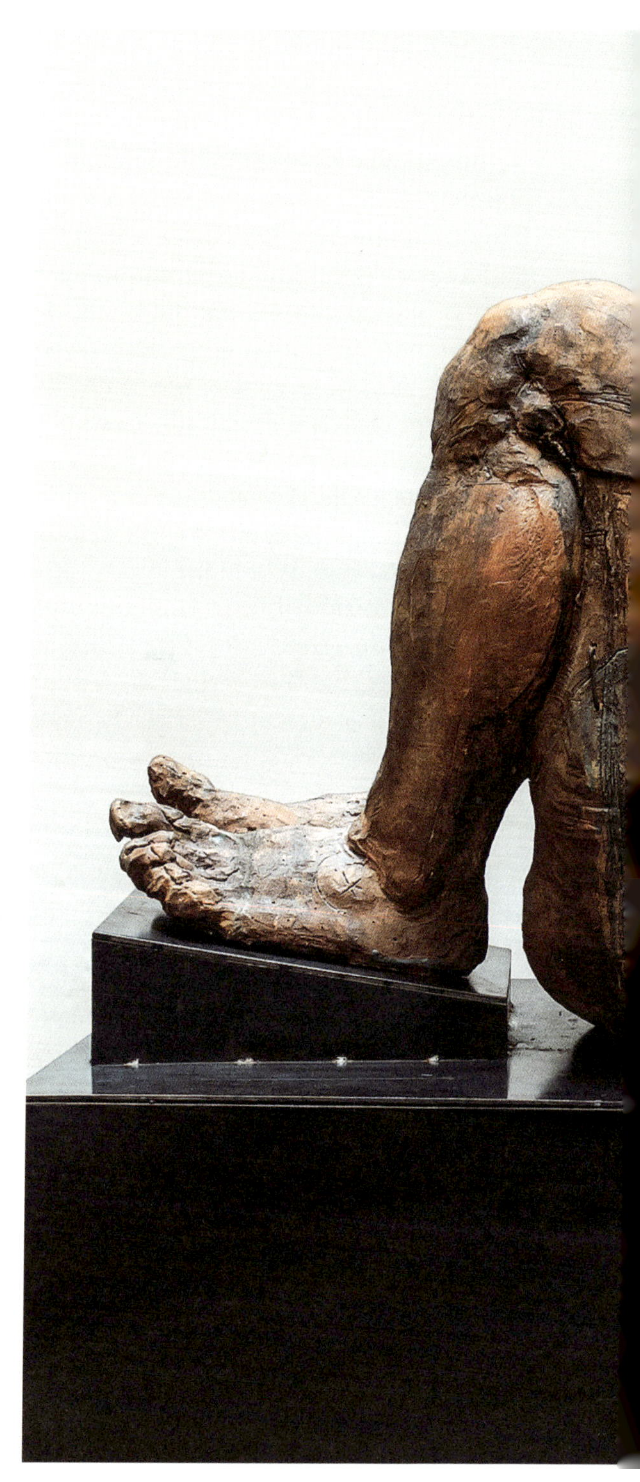

Javier Marín
Hombre reclinado
2000
Barros de Zacatecas
y Oaxaca.
105 x 140 x 90 cm.
Foto: Bernardo Arcos.

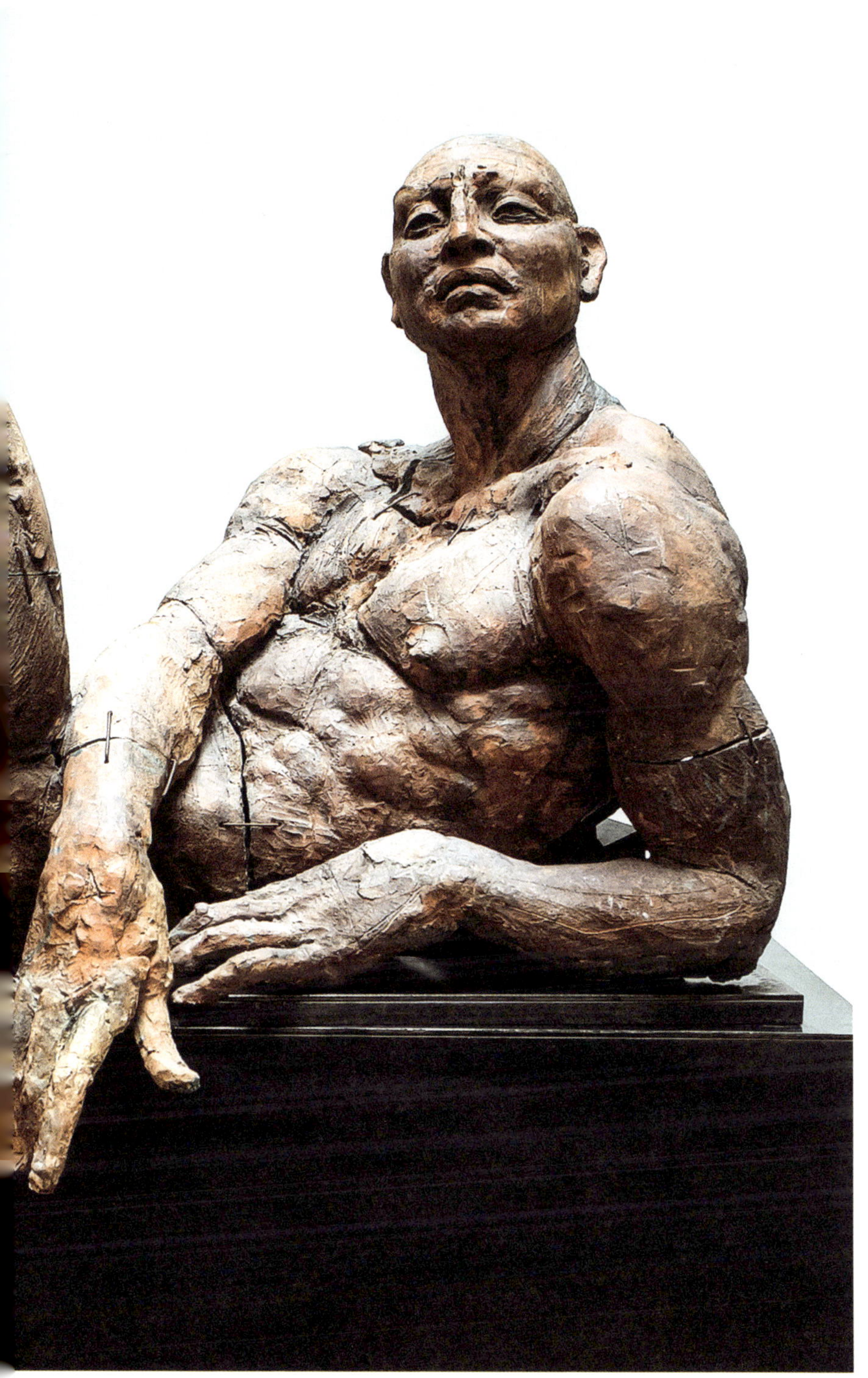

la metáfora y la metonimia operan en ambos casos. Por supuesto: ni el sueño es arte ni el arte es sueño.

La realidad es reconfigurada; allí donde había una cosa, un modelo o una fantasía, hay ahora un objeto embrujado. Donde *eso* estaba, llegó a estar la estatua, el autorretrato en el que el autor se reconoce, modelado en barro o en bronce.

Dado ese parentesco, pueden surgir interpretaciones –en el sentido más débil de esta palabra–: *una* interpretación, una más... entre muchas otras posibles e innumerables.

Cualquiera tiene derecho a formularla, cualquiera puede impugnar su validez. Incluso quien no vio la obra original, sino su fotografía o su re-producción.

El resultado de esas intervenciones foráneas nunca está protegido o garantizado por el estatuto o los antecedentes del psicoanalista. Él no goza de ningún privilegio en el campo de la estética. Aunque, como cualquier otro, puede perorar («soltar rollos», *scrolls*) según lo que sabe o cree entender.

También en eso se parece a cualquier otro crítico, profesional o aficionado, reconocido o no, pues nadie, ni siquiera el más celebrado de los ensayistas, podría moverse en un campo de verdades consagradas. La interpretación y los comentarios se mueven en un plano; la verdad (si, como creo, hay verdad en el arte), en otro.

La escultura se pro-pone a un espectador, se hace pública. Todos (y nadie) son llamados a pronunciarse sobre su sólida presencia, que existe antes e independientemente de cualquier juicio. Todos (y cada uno) están habilitados para opinar sin permisos ni exclusiones a priori. Lo difícil no es hablar o escribir, sino que a uno lo escuchen o lo lean.

Es condenable (o al menos sospechoso) cualquier intento de hacer pasar un comentario o interpretación como «sustituto» de la obra, como introducción a esta o como su conclusión. Los discursos se subordinan a la materia plástica; árbitro y último referente de toda interpretación. Nunca sucede al revés.

No hay metalenguaje del arte. La obra es magna en su soberanía. Siempre estará en condiciones de decir algo distinto a alguien distinto. Las obras escultóricas casi no cambian con el tiempo, los comentarios sí.

Los esclavos de Miguel Ángel (fig. 1A y 1B) estarán para siempre inconclusos: por eso están acabados. Jamás se librarán de sus cadenas. Los críticos ven, cada uno, en cada siglo, algo diferente: nunca terminarán de arriesgar exégesis e interpretaciones. *Así es, si así os parece.*

Hoy nos informan de que han sido leídos de otra manera los mármoles del Partenón que hace doscientos años llegaron a Londres. Lo que siempre se creyó que era el ofrecimiento de un nuevo manto a Atenea podría ser la entrega de un sudario a la hija del rey Erecteo que va a ser sacrificada.[1] ¿Y el mármol? Ahí sigue. Puede que dentro de otros 2.500 años reciba otra lectura «esclarecedora». Nunca faltará trabajo para el crítico o el historiador del arte.

¿Quién puede presagiar lo que se dirá dentro de cien años de las esculturas de Moore o de las de Marín que hoy mueven nuestra reflexión? Aun más: ¿Se dirá?

Eso sí: la riqueza de una obra puede juzgarse, entre otras cosas, por la cantidad y la calidad de lo que se dice de ella. Por lo que mueve a hablar, por lo que evoca. Tal vez cabe «presentir», aunque nunca con certeza, la relevancia o la intrascendencia de un producto artístico. Arriesguémonos, pues, a decir que los logros de Javier Marín son perdurables, más allá de lo transitorio y de la moda (lo «moderno»), más acá de la eternidad.

---

1   M. BEARD, «The Latest Scheme for the Parthenon», *The New York Review of Books*, 6-9 marzo, 2014.

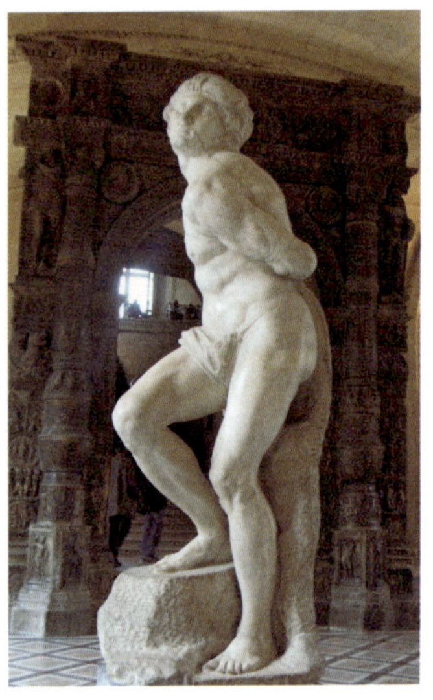

1A
MIGUEL ÁNGEL
El esclavo rebelde
CA. 1513-1516
Mármol. 209 cm. Museo del Louvre, París.

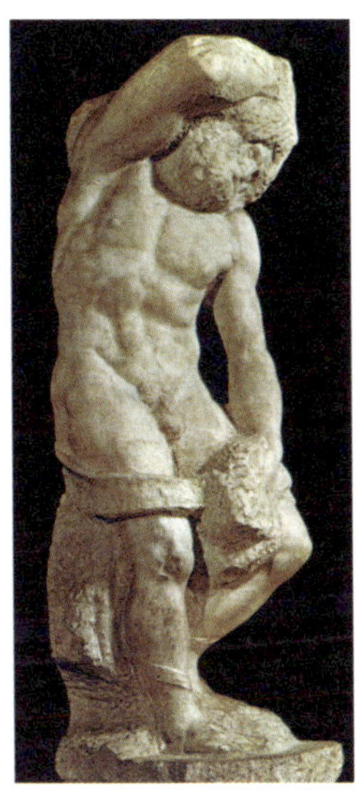

1B
MIGUEL ÁNGEL
El esclavo barbudo
CA. 1530-1534
Mármol. 263 cm. La Academia, Florencia.

La variedad y la calidad de los discursos que suscita indican la repercusión de la obra. En cierto modo, el ojo crítico viene a decorarla y a rodearla de halos fantasmales. La envuelve con una pátina de palabras. O le presta un fundamento: en cierto sentido, comentarla es cimentarla. Los que escribimos sobre ella, juntando frases, construimos pedestales armados con palabras sobre el suelo del lenguaje.

Los comentarios no son superfluos. Si bien la obra puede prescindir de ellos –pues no son necesarios, sino contingentes–, documentan la repercusión ejercida sobre alguien a quien la obra se mostró como «espectáculo», como objeto destinado a ser visto (oído, olido, gustado, tocado, etc.).

Esas reseñas no quedan aisladas. Se conectan entre sí y constituyen una trama de textos, un complejo meta-artístico, un aura o una aureola. Crean un espacio de recepción y se incluyen también en un conjunto discursivo, en un mercado, en un establecimiento intelectual y académico definido –aunque no originado– en el siglo xix, el de la crítica y la historia del arte: un mester y un menester universitario.

Los comentaristas tenemos santos patrones aunque no lo sepamos. Somos descendientes de Vasari, de Diderot y de Baudelaire.

La historia del arte incluye un importante capítulo dedicado a la recepción de las obras. Allí caen y caben comentarios, digresiones e interpretaciones de todo tipo. Algo así como la «elaboración secundaria» de los sueños, según Freud: un esfuerzo por dar coherencia a lo ambiguo e indefinido de los gustos, sobre los que indebidamente se dice que «no hay nada escrito».

Las apostillas producidas a partir de la obra no reflejan la obra misma, sino el tiempo, el *Zeitgeist*, de su composición. ¿La composición de la obra? No; la del comentario. ¿La del sueño? No; la de la vigilia que le sigue. Las interpretaciones llegan siempre con retraso y su efecto es retroactivo... por suerte.

Útil o no, necesario o no, fecundo o estéril, ese «lecho de recepción» que sigue a la obra se manifiesta por un lenguaje –a menudo indigesto– que delimita y a veces ejerce coerción sobre lo que se dice y lo que no se dice de las piezas. Sobre la apreciación y sobre la memoria que se guarda de una experiencia estética.

Si la obra de arte –como el goce– es lo que no *sirve* para nada, lo que no es útil ni satisface necesidad alguna, su comentario y su crítica sirven aún menos... incluso cuando se los repute de interesantes. Sin embargo, abundan los casos en que es más memorable el comentario que la obra a la que se refiere. Se conservan agudezas de Baudelaire, Wilde o Bernard Shaw, cuando ya casi nadie se acuerda de las obras que fueron objeto de sus juicios.

Así como hay un mercado de las obras, hay un mercado de las opiniones y de los «rollos», con pocos autores cotizados y una muchedumbre de oscuros e ignorados «críticos».

La recepción y el comentario superponen un tapizado (una capa de pintura, un maquillaje) que muchas veces resulta difícil separar de la obra misma. A veces se pegan a ella como una sofocante túnica de Neso de la que es imposible desprender al arte enjaulado por los discursos.

¿Quién sería capaz de ver el mingitorio de Duchamp (*Source*) de manera ingenua, sin el *flush* de las indigestas parrafadas que pasaron por él?

Esa maldición pesa sobre el arte por ser un producto de la cultura. La obra no puede vivir aislada. Da que hablar. Es un tema: sujeto, *sujet*, *subject*. Sujeto sujetado a la subjetividad de los comentarios y sus autores. El psicoanálisis, ciencia del sujeto que habla y goza, sumergido él mismo dentro de esa cultura, es muchas veces invocado o convocado para manifestar su manera de valorar la obra y para inseminar con su vocabulario el espacio de la crítica. Cuando no es el psicoanalista el que se ofrece para ejercer o ejercitar sus habilidades «de oficio». Grave –y cuestionable– sería que pretendiese hacerlo «por su oficio».

Nadie tiene menos subterfugios ni menos prerrogativas que el analista para las intervenciones indebidas, para la invasión de un territorio que no es el suyo. Nunca serán suficientes las precauciones que tome para no ser incluido en la legión de los que intentan imponer a la obra reglas y cánones, modos de interpretación que vulneran la íntima naturaleza de la obra. El privilegio de esa obra es ser anterior y exterior a los comentarios.

El psicoanalista, como crítico de arte, desde Freud en adelante, y aún más hoy en día, es siempre vergonzante. Arrogante sería si no lo fuese.

De ahí mi pudor y todas estas advertencias antes de abordar el arte de Javier Marín.

Un modo de intervención particularmente frecuente y censurable es la búsqueda de claves sexuales y de alguna simbología «freudiana» supuestamente descubierta por presuntos detectives del inconsciente. El resultado no puede ser otro que la caricatura: caricatura de la obra, caricatura del psicoanalista y caricatura del psicoanálisis. Así aparece el psicoanálisis en buena parte del cine norteamericano de los años cincuenta: el de Hitchcock es un flagrante ejemplo. *Spellbound* (*Recuerda*). El filme incluye un sueño diseñado por Salvador Dalí.

Freud siempre sostuvo la precedencia del poeta sobre el psicoanalista. En el objeto artístico, el psicoanálisis se busca a sí mismo: no puede aterrizar sobre la obra para completarla o evidenciar algo que ella misma no dice. Los comentarios en general, y los del analista en particular, son la estela evanescente que sigue al motor de la creación.

Hay una suposición que enmarca la intervención del analista que se atreve a opinar (sin poder ir nunca más allá de eso: de la opinión, de la doxa: orto- o hetero-) sobre una producción artística. El lector de críticas imagina que el autor conoce (habría que ratificarlo en cada caso singular) el horizonte social, cultural, político, económico, religioso, ideológico y académico, así como la actualidad y el pasado del arte y los distintos lenguajes que integran ese colchón de recepción que antecede, envuelve y continúa la obra.

Al psicoanalista que escribe de arte se le atribuyen la cultura, la experiencia y la información sobre las obras que comenta.

Su intervención no viene del psicoanalista, sino del letrado, de alguien versado en cierto tipo de discursos y temáticas. No es su privilegio particular: es el de la mujer o el hombre supuestamente cultivados (*connoisseur*). Pero ¿quién podría validar (o invalidar) sus títulos? De nuevo: ¿quién autoriza al que se autoriza a comentar?

El analista siempre deberá mostrar sus credenciales para juzgar. Nunca podrá refugiarse en un argumento de autoridad acerca de prácticas, teorías o conceptos que proceden de autores reconocidos en su propia disciplina. No valen el prestigio ni las citas ni las afirmaciones ni los artículos firmados por Freud, Lacan, Winnicott, etc.

El análisis discursivo de las obras que comenta deberá incluir siempre el discurso y el vocabulario con el cual hace el comentario. «¿Por qué yo, por qué yo ahora, por qué yo con estas palabras... me permito perpetrar digresiones o aseveraciones sobre obras que ni lo piden ni lo necesitan y maldito para lo que les pueden servir mis palabras?».

La crítica de los zapatos debe comenzar por la crítica de los zapateros, de su oficio, sus hormas y sus formas de trabajar. La autocrítica debe hacerse desde un principio para no recibir un merecido «zapatero, a tus...».

El trabajo del crítico, profesional de la especialidad o *amateur*, no puede consistir en poner betún o reparar las «suelas de los zapatos» de Van Gogh. No fue esa la misión de Heidegger, Shapiro, Derrida o Kimball,[2] portavoz de los críticos conservadores en el siglo XXI. Mal que le pese a este último, todos ellos arrojan una luz nueva sobre ese calzado tan celebrado, tan pisoteado y maltratado.

Oscuros zapatos que parecen invitaciones a los críticos para «meter la pata» en ellos.

La opinión del psicoanalista vale tanto como la de cualquier espectador, pero no es la de cualquiera. Está marcada por su experiencia personal del análisis, mas no por estar formado en los vericuetos del freudismo disfruta de especiales prerrogativas. Tampoco está justificado censurar toda aproximación analítica a la obra, pues el suyo es el ensayo de un zapatero que se ocupa de sus zapatos, pero que también observa cómo, con otros calzados, caminan los demás.

¿Quiénes son los demás? El filósofo, el historiador del arte, el crítico desconstruccionista, el ideólogo pragmatista, el tasador mercantil, el *marchand* –que también *dealer* llaman–, el simple espectador.

«Psicoanalista, a tu inconsciente». Que los demás se ocupen de lo suyo.

Es que el psicoanalista, cuando se atreve a opinar en materia de arte, tiene que tomar en cuenta las críticas que él mismo y los demás harían a su empeño, anticipar los prejuicios desde los cuales se le podría leer, impugnar la propia arrogancia y la que cabría

---

2   M. HEIDEGGER (1935-1946), «El origen de la obra de arte», *Sendas Perdidas (Holzwege)*, traducción de J. Rovira, Buenos Aires, Losada, 1960. M. SHAPIRO (1968), «La naturaleza muerta como objeto personal. Notas sobre Heidegger y Van Gogh», *Estilo, artista y sociedad. Teoría y filosofía del arte*, traducción de F. Rodríguez, Madrid, Tecnos, 1999. J. DERRIDA (1978), *The Truth in Painting*, Chicago, University of Chicago Press, 1987. Hay traducción al castellano: Buenos Aires, Paidós, 1999. R. Kimball (2004), *La profanación del arte. De cómo la corrección política sabotea al arte*, traducción de M. Sánchez Ventura, México, FCE, 2011.

atribuirle. La modestia es, en su caso, una imposición deontológica, la condición de posibilidad de cualquier enunciado crítico.

El analista en cada caso tiene, y no puede no tener, un cierto *credo estético,* desde el cual estudia las obras. Como cualquier otro observador. Es necesario que cada mirón esté advertido de su propio credo y de la relatividad del mismo. Tal es la única ventaja que podría reclamar para sí el psicoanalista: la socrática de saber que no sabe, de reconocer la precariedad de sus juicios.

Críticos de arte, sociólogos, filósofos, politólogos de izquierda y de derecha, psicoanalistas, antropólogos, historiadores, feministas, creadores de la misma y de otras disciplinas, etc., han formado legiones y hasta ejércitos enteros (escuelas) de comentaristas de las obras de arte.

Todo tipo de afirmaciones inteligentes y toda clase de sandeces han sido proferidas y ofrecidas a la opinión ilustrada. ¿Quién se atrevería a recopilar una antología de las aportaciones y de las tonterías? ¿Quién establecería una frontera definida entre unas y otras?

No obstante, a través de todas ellas, los zapatos, sin desgastarse, indiferentes a la cháchara que los rodea, continúan su camino desde hace más de 120 años. Y seguirán andando, sin salir de su lienzo inmóvil, cuando todas las opiniones y especulaciones hayan sido olvidadas. Como los frisos del Partenón. Como los bronces de Marín, el michoacano.

La catarata de palabras de la crítica es torrencial: va desde las más modestas presentaciones de exposiciones individuales a las reseñas periodísticas, a las introducciones de catálogos y museos, a las monografías sobre autores, escuelas, períodos, géneros. Parece que toda obra puede provocar alguna clase de exégesis supuestamente orientadora del espectador.

Cabe suponer que, si tanto se escribe, debe haber un público lector. ¿Es cierto? ¿O es que esa escritura corresponde a un subgénero dentro de lo publicitario; que es un mero apéndice utilitario pues no se concibe que se reproduzcan fotos y copias de las imágenes sin adjuntarles algún texto que sirva como pie de página aunque pocos (o nadie) se tomen el trabajo de leerlo? ¿O es el comentario una linterna que alumbra la oscuridad de las galerías y museos, de modo que, sin él, la obra permanecería en la sombra y sería afásica para el asistente?

El discurso sobre la plástica o sobre la música es redundante: es la obra la que dice o calla.

Hemos aludido a un *credo estético*, un conjunto de proposiciones –por lo común tácitas, no formuladas– que es un concentrado compacto de la lengua que se hablará, ese idioma en el cual el crítico y el *amateur* esperan ser comprendidos. Es común que el lector se vea obligado a deducirlo de las afirmaciones del comentarista.

Ese credo no podría venir del psicoanálisis... que no tiene ninguno, ningún catecismo. Es el de *este* psicoanalista; uno que se atreve a firmar con su nombre y apellido.

Es imposible validar los credos jugando la carta forzada de sus prejuicios o de sus creencias. Mucho menos la de su experiencia en la clínica, en la ciencia, en la academia o en la literatura. Tampoco los premios, nobeles o innobeles, que haya recibido.

Pese a la desconfianza, para la que todos califican, no todos los críticos merecen igual desdeño. Alguno de ellos será capaz, en ciertos casos, de modificar la mirada o de agregar una nueva perspectiva al juicio acerca de una obra, de mostrar detalles que pasan inadvertidos para el ojo o el oído del espectador profano. (Cf., tres ejemplos entre cientos: a. Daniel Arasse, en *Le détail*, en pintura; b. Thomas Mann, la fuga en Beethoven en su *Doktor Faustus*; c. George Steiner, en su comentario a las traducciones de *Antígona*).

Esta misión, la de inducir pensamientos no pensados, la de destacar detalles insólitos, la de habilitar nuevas perspectivas sobre la obra ya vista, debería ser la máxima (y la mínima) aspiración tanto del crítico como del *amateur* cuando se vuelca sobre las figuraciones antropoides de Javier Marín, el creador que se mete y somete a sus figuras corporales en barro y bronce.

Hay un observador de la obra a quien se le podría atribuir una autoridad singular, una capacidad excepcional para la observación y el juicio, un conocedor privilegiado de la génesis del producto artístico que parece estar más allá de cualquier impugnación: el artista mismo. ¿Quién si no él podría hablar de la *verdad* de la obra por él engendrada?

El suyo es –o sería– un punto de vista inaccesible a cualquier otro, superior por conocer las intenciones, los medios y los fines de la obra, por llevar una bitácora –escrita o tácita– del proceso de producción y de las demandas expresivas internas y foráneas a las cuales responde el objeto que se ofrece al público y a la crítica.

El artífice conocería como nadie las metáforas interpretativas y el camino que va desde los antecedentes personales, ideológicos e históricos al producto terminado. Conoce al vástago *como si lo hubiese parido*.

Sus proclamas, sus diarios íntimos, su correspondencia con el hermano (p. ej., Theo van Gogh o Jorge Marín), con los colegas, con los *marchands* o con los amigos y críticos serían el depósito de testimonios que estarían más allá de cualquier impugnación. En las declaraciones del artista podría leerse la verdad de la obra, esa *verdad en pintura* que Cézanne nos debe y, a veces, nos muestra como ramas de pino inclinadas hacia la tierra.

¿Es verdaderamente así? En este punto, aquí sí, el psicoanalista puede intervenir y matizar esa confianza: «Así sería, sí, nadie sabría sobre la obra más que el artista mismo... si la conciencia del creador fuese soberana, si no existiese el inconsciente: esa *otra* verdad que el yo desconoce, disimula, disfraza, desmiente, reprime y esconde, no tanto del espectador como de sí mismo».

El *yo* del artista es tan sospechoso como el de cualquiera de sus críticos. O incluso más.

Por eso el artista debe mantener los oídos abiertos a las lecturas que su obra recibe. Bien pudiera suceder –y con frecuencia sucede– que en su creación intervinieran actores que provienen del pasado, de la realidad histórica en la que está inmerso, de las fantasías referidas a un futuro que todavía no existe, pero cuya sombra planea sobre su trabajo.

La genealogía del artista no remite a sus padres y hermanos, sino a sus precursores y colegas en el arte. La relación con ellos es imaginaria; es un producto de su fantasía. ¡Cuántas veces no se escucha al artista rechazar cualquier alusión a semblanzas o influencias en sus obras! ¡Cuántas veces no se inventan o exageran esos vínculos!

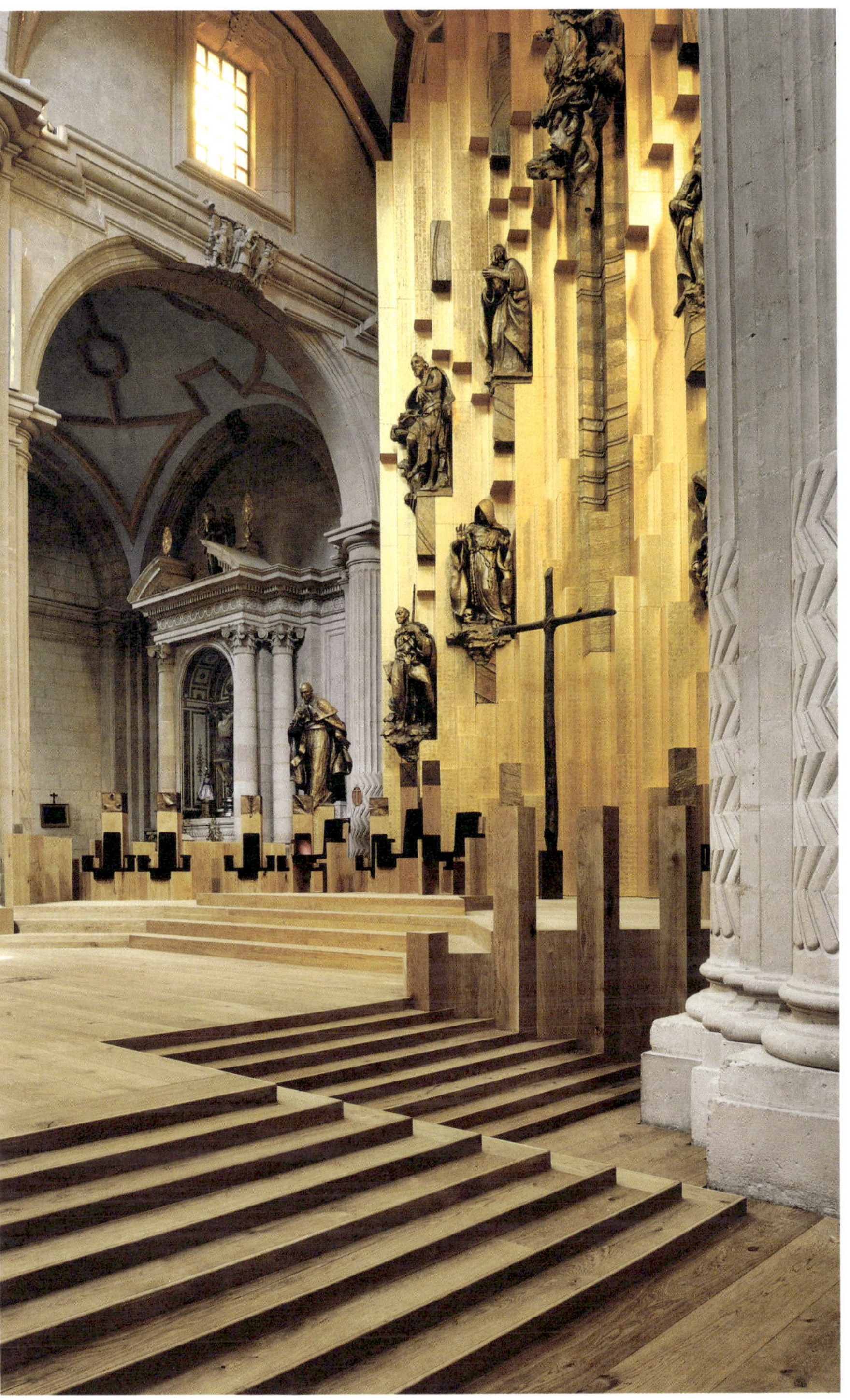

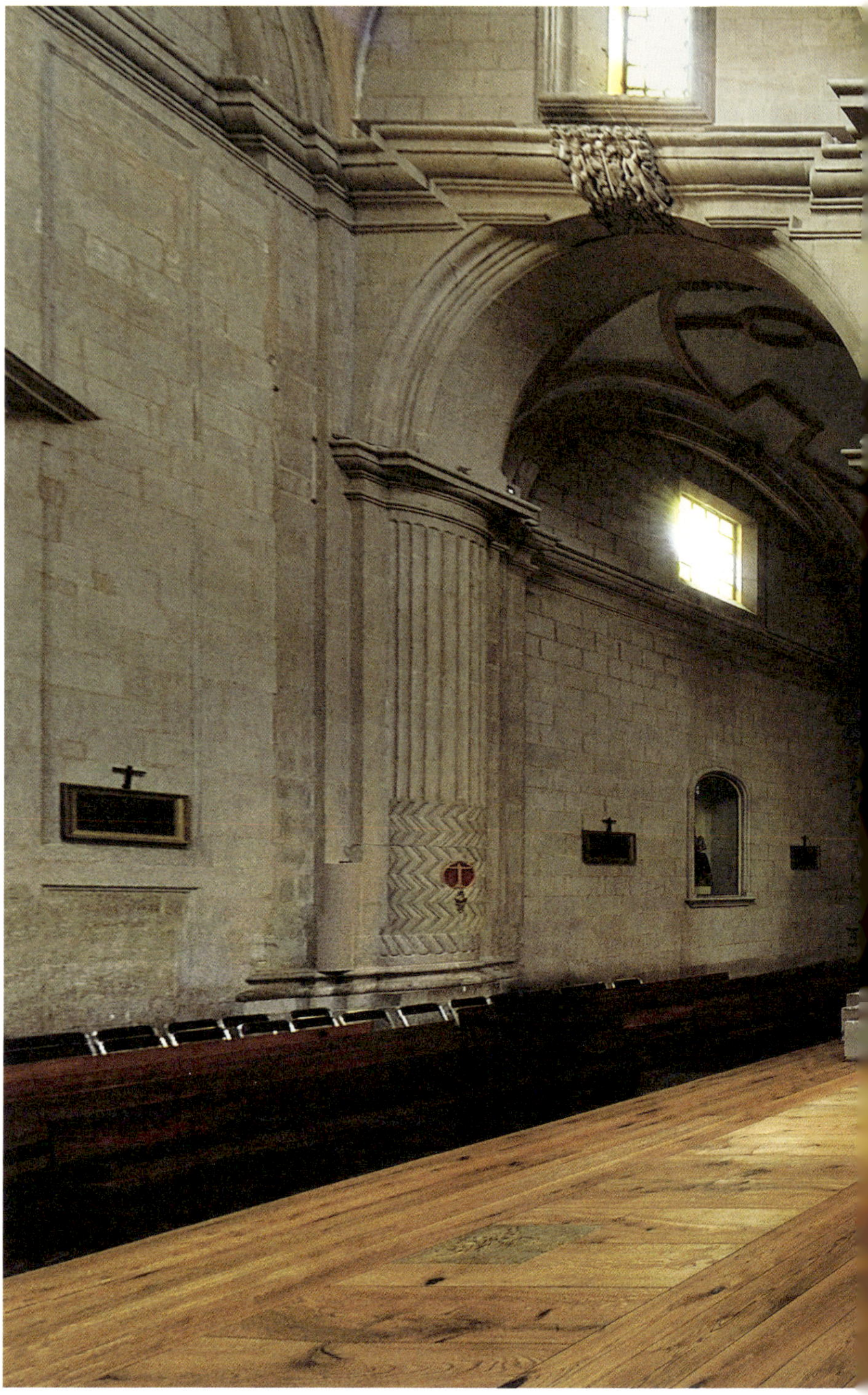

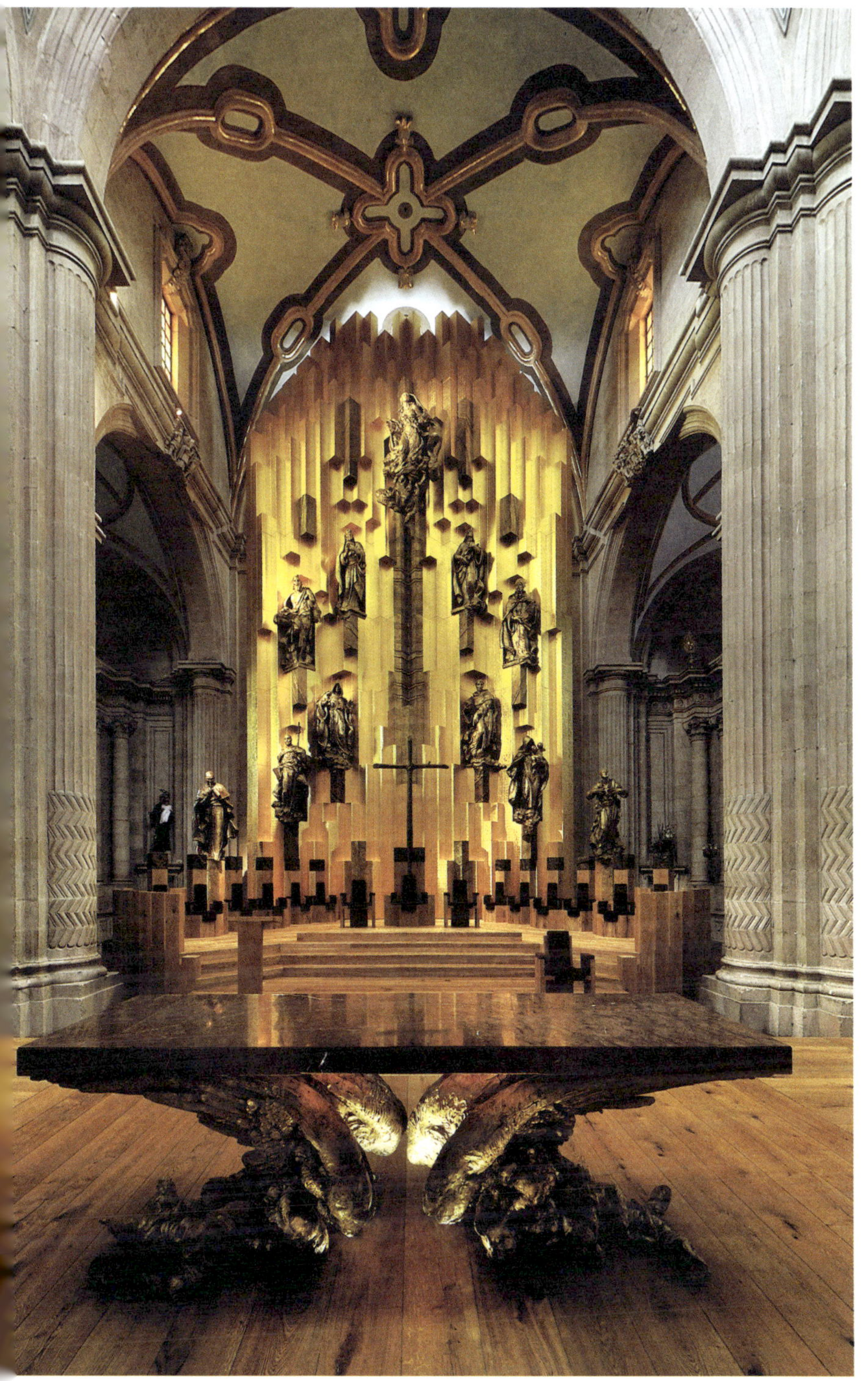

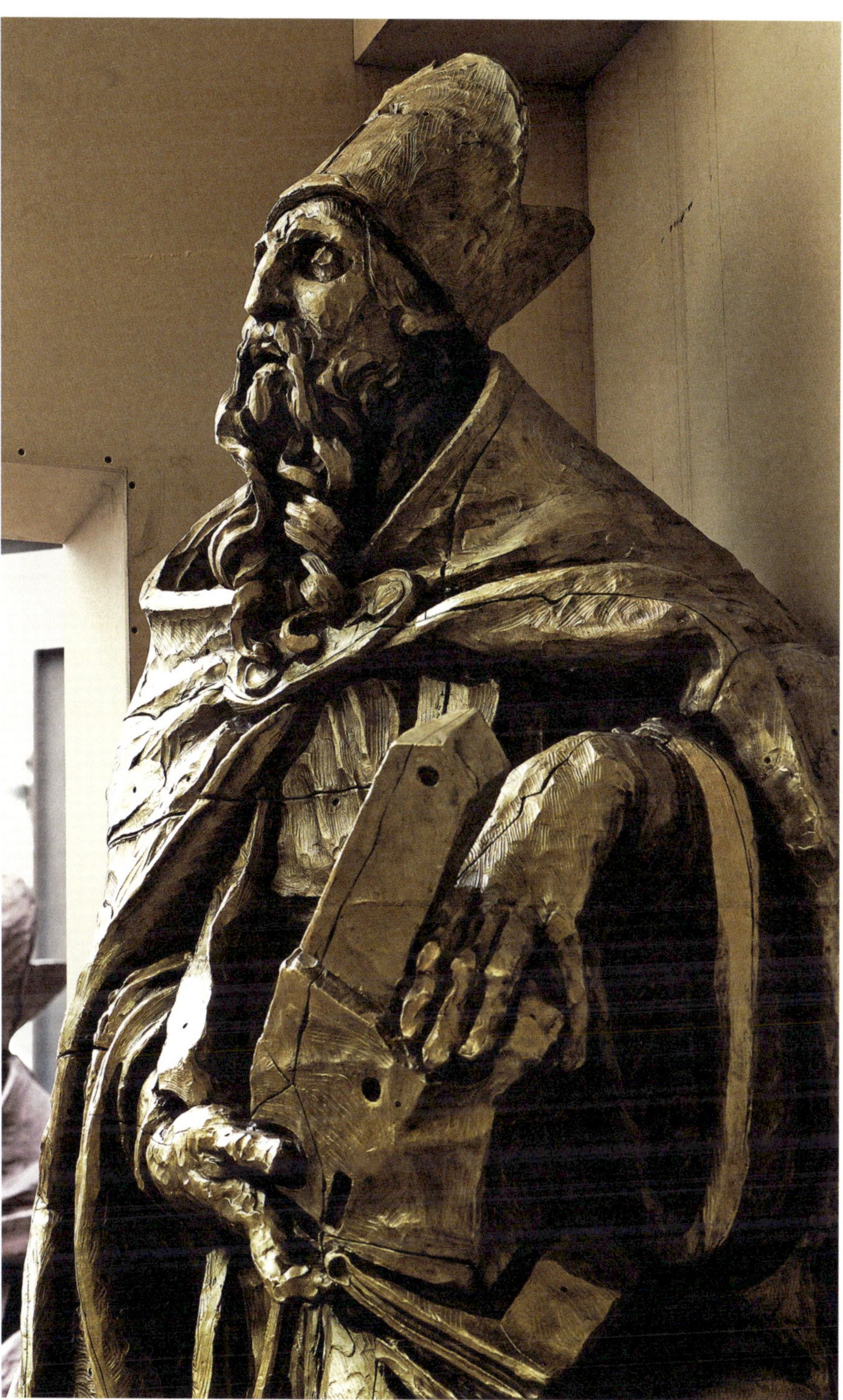

Los ángeles ausentes de Javier Marín[3]

Grandioso es un adjetivo que se queda pequeño para calificar el nuevo retablo de la Catedral de Zacatecas encomendado a Javier Marín y que fue develado en junio de 2012. Más justo es llamarlo monumental y colosal, más lógico es repetir con asombro cuáles son sus dimensiones, más tentador es abordar los infinitos aspectos de la obra que llaman al comentario admirativo y relacionar la descomunal obra con el arte religioso y con la historia de la escultura, subrayando su singularidad, sus atrevimientos, su mexicanidad. Elijo, sin embargo, otro camino, el de concentrarme en un detalle iconográfico que me sorprendió en las fotos y maquetas: se trata de que la mesa central del altar no está sostenida por patas, columnas, estípites ni cariátides, sino por cuatro alas, alas de ángel de enormes dimensiones, parecidas a otras que el artista produjo en la década de los noventa.

Los ángeles son representaciones que a todos nos resultan familiares, criaturas de la imaginación presentes en todas las religiones, comparables a los centauros y sirenas, compuestos por

---

cuerpos humanos y alas de ave. Porque vuelan tienen la ardua tarea de comunicar el reino celestial con el mundo terrenal, son intermediarios oficiosos entre los mundos de arriba y de abajo. Es por eso por lo que las alas son su esencia. Con frecuencia son músicos que habitan en el aire y confirman así, con cánticos e instrumentos, su misión de ligar lo superior con lo inferior, su condición de mensajeros. Javier Marín ha cercenado las alas de estas divinas criaturas –¡qué hazaña la suya de mostrar, no el ala, no, sino la coyuntura del ala y el cuerpo!, ¡qué objeto irrepresentable es el muñón!– y las ha destinado a sostener la mesa de la celebración eucarística. Suprimió así el componente humano del ángel, la parte grávida y no esencial que podría ser lo físico de cualquier criatura, y nos ha dejado tan solo estos fragmentos esculpidos como de carne y plumas, estos apéndices ornitológicos que producen la indecible extrañeza que nos deja todo lo mutilado. Es excesiva la facilidad que nos daría aludir a la universalidad simbólica del pájaro y mencionar la castración como efecto del corte de esos atributos voladores. Hay cosas que, por obvias, un psicoanalista no puede permitirse.

La decisión de mostrar las alas sin sus propietarios nos confronta con el misterio de la ausencia de los ángeles, y nos da claves dispersas para penetrar en este o para que nos atrevamos a conjeturar sobre el proceso creador tomando la precaución, que es una imposición metodológica, de no entrar en los campos, por siempre vedados, del psicoanálisis del artista a través de su obra. Adelantemos simplemente el tema del ensayo siguiente: una obra de arte no es la proyección de una fantasía del artista ni tampoco un sueño pintado, esculpido o narrado. ¿Significa eso que el psicoanalista se quedará mudo? No, no necesariamente. Este retablo de Zacatecas se despliega ante nuestra mirada y nos provoca; sobre él no cabrá aplicar un saber que no tenemos, pero sí podemos dejarnos interrogar, descubrir nuestra propia perplejidad y analizar nuestra respuesta frente a los enigmas de la creación; en este caso, la ausencia del cuerpo de los ángeles.

Alguna vez dijimos que el objeto artístico no va en busca de su espectador, sino que lo produce. El barro humano, que deja pasar la figura expuesta a través de sus ojos, es modelado por la inspiración del artista. Su producto es el sujeto transformado, sublimado por la obra y por la experiencia estética. El ángel no está antes de la escultura, sino que es su producto.

¿Cuál es el primer espectador de una obra? Seguramente su autor. Javier Marín declaró: «A través de mi labor escultórica trato de entenderme, de comprender mi trabajo: mi obra es una forma de explicarme. Estoy consciente de que hay una doble –o triple– interpretación de cosas que yo mismo desconozco de mí y de por qué está saliendo esto. Para mí, hacer escultura es autoanálisis. [...] Disfruto muchísimo cuando consigo una imagen que deseaba materializar y la veo. [...] Me pongo yo en la posición de la escultura porque tengo que entenderla y, a la vez, también requiero que ella me comprenda y "sepa" qué es lo que yo estoy sintiendo».

Estas declaraciones son tan sorprendentes como el diálogo del viento y el mar en la *suite* de Debussy. La conversación del artista con su creación culmina en el momento en que el escultor le pide al barro o al metal que salgan de su mutismo y que le expliquen quién es él, cómo es la matriz de donde su esplendor procede (*E adesso, parla!*). La imagen de la matriz nos lleva a la portentosa metáfora en acción que es el trabajo con cera perdida, técnica milenaria con la cual se han producido todos estos bronces dorados que hoy nos deslumbran en el retablo de Zacatecas. El artista, para extraer cada fragmento de la obra, ha debido modelarla primero en una sustancia frágil y perecedera, como puede serlo la cera, hacer un molde de esa figura, fundir y eliminar la cera a través de ciertos orificios y, una vez «perdida»

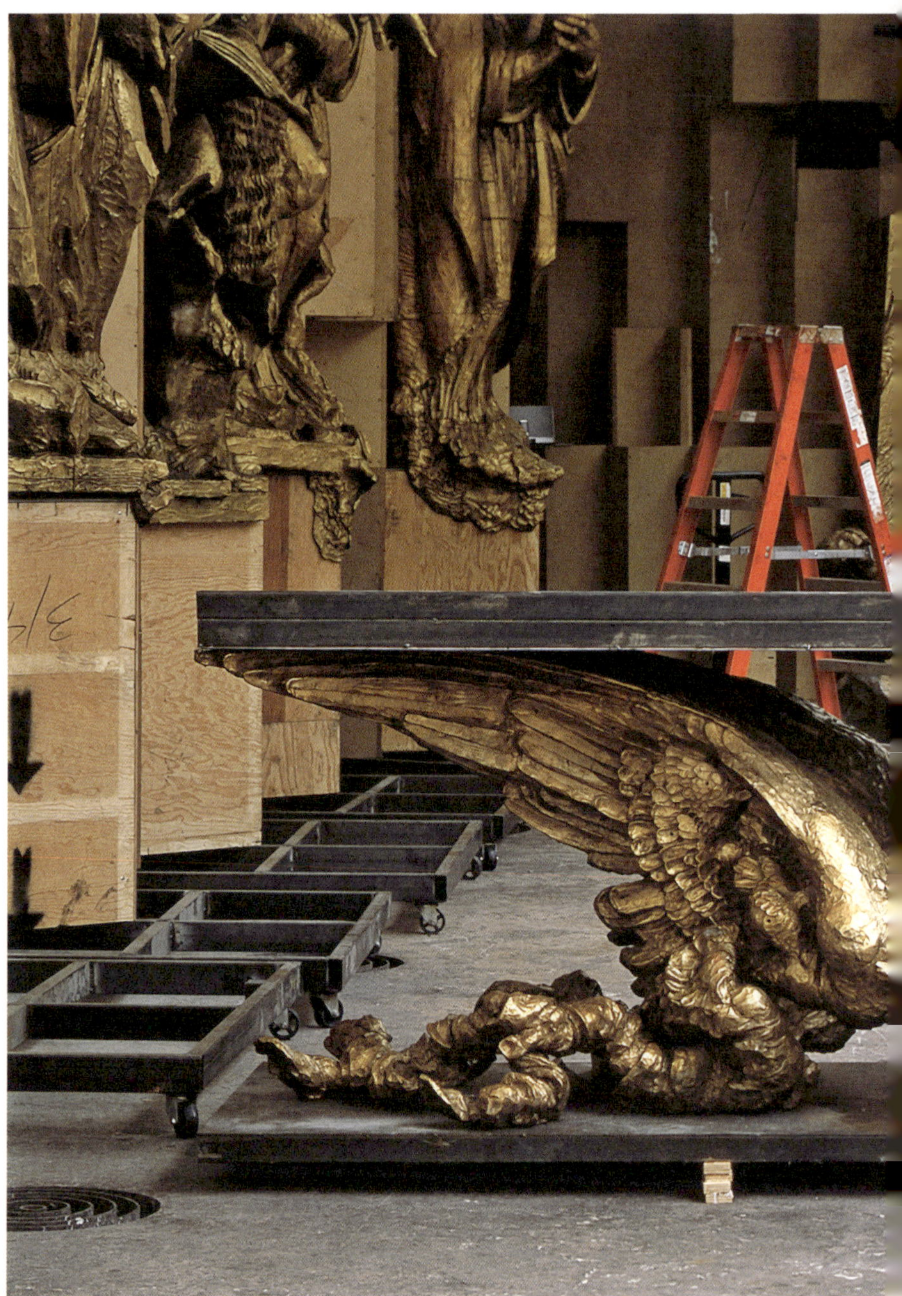

Javier Marín
Alas
2010
Bronce a la cera perdida.
88 x 300 x 130 cm. Detalle.
Foto: Víctor Benítez.

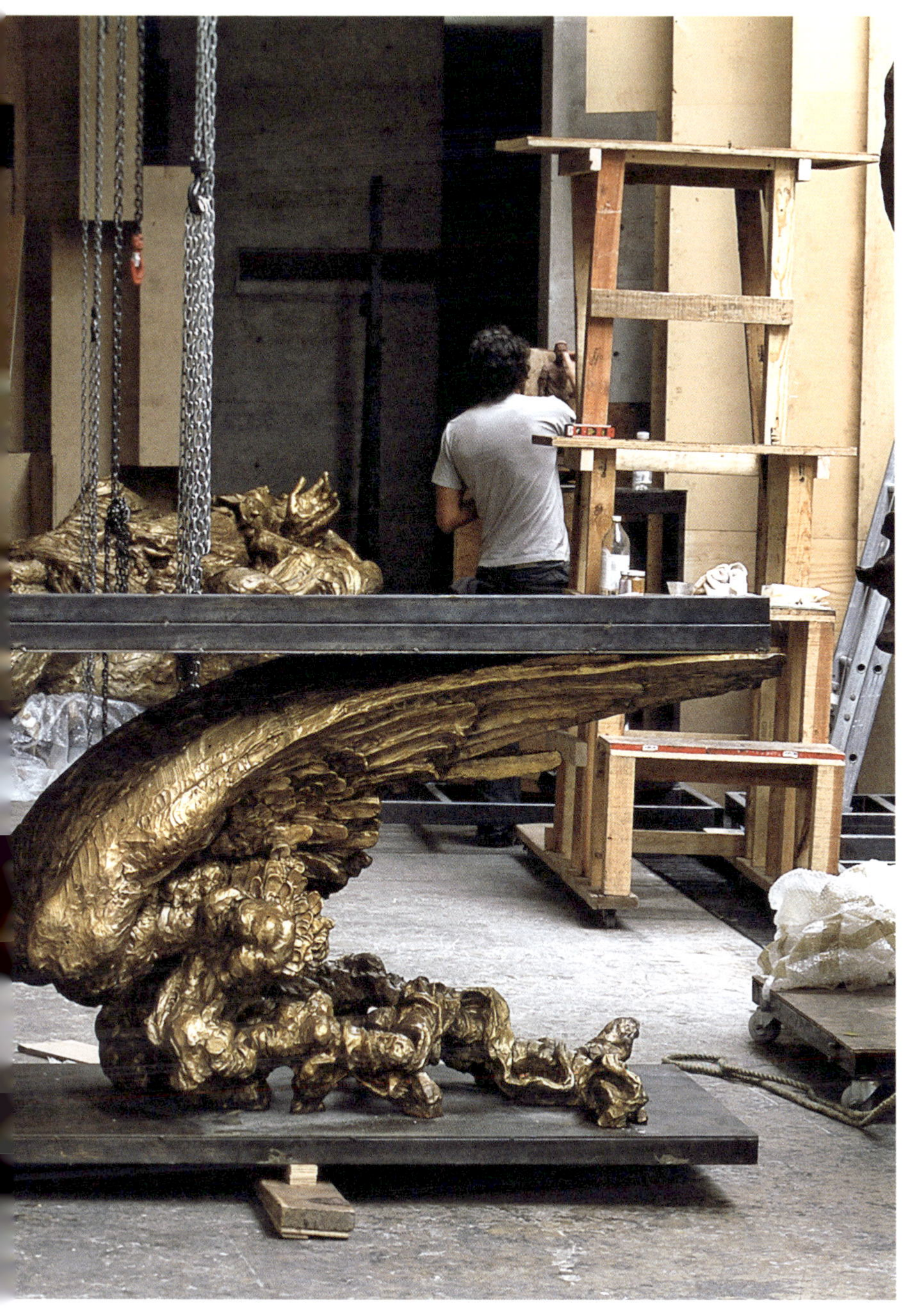

esa materia informe e «inútil», verter allí el bronce, romper el molde, sacar el metal frío que ha tomado la forma originalmente deseada y luego pulir y darle el acabado final antes de dar por terminada la escultura. Es todo lo contrario al trabajo *per via di levare*, de sustracción, quitando el mármol para que la estatua «crezca», tan grato a Miguel Ángel.

Para esculpir un bronce hay que llenar un vacío y ese vacío debe ser primero fabricado por el artista. El hueco de su obra es, quizás, tan solo un vaso al que se le perdió la cera, un vacío que en sí mismo no se cumple, pero, de todos modos (¡qué vaso tan providente aquel!), capaz de amoldar el alma perdidiza y hacer que, en el rigor del vacío que los aclara, el agua, el alma y el bronce (¡siempre tres!) tomen forma, ocultando del hacedor la conciencia derramada, el desplome de ángeles caídos y sus alas rotas en esquirlas de aire.

Portentosa metáfora de la acción del escultor en bronce. ¿No es así, siguiendo el modo de la materia perdida, como se produce un *sujeto*, no solo el artista, cualquier sujeto, cualquiera que hable llamando *yo* a su personaje? La mujer y el hombre se hacen «a la placenta perdida», la boca al pecho y a las palabras y gritos perdidos, el ojo a las lágrimas y a las miradas perdidas, el oído al ritmo y a los sonidos perdidos y, así, cada uno de los orificios, los más excelsos y los más humildes, se «hacen», se habilitan para el goce mediante la pérdida de sustancias corporales que no sin goce se expulsan. Expulsar e impulsar la entrada de nuevas sustancias y nuevas formas es lo que llamamos pulsión. Cada fluido que abandona nuestro cuerpo está irremisiblemente perdido y la sensación de dejarlo partir, el «goce» de cada órgano, consiste en ese vaciarse de la cera o sus equivalentes (objetos @, a minúscula, los llamaba Lacan para darles a todos ellos un nombre común) a través de orificios por donde el bronce de un mundo nuevo, creado por el deseo, podrá hacer su entrada. Uno «se hace» como ser humano perdiendo sus sustancias vitales, vaciándose, entregando y consagrando a la nada todo lo que se escapa del cuerpo y es para siempre un desecho irrecuperable y hasta execrable. Uno elimina sus secreciones primeras y luego llena el vacío que se ha creado con una suerte de estatua, una forma modelada alrededor de la imagen originaria de sí que lleva las marcas del goce sensual de las pulsiones. Para construir nuestra propia imagen debemos primero vaciarla, luego llenarla con algo perdurable cuyo mejor modelo es el bronce (¿poemas, nombres, discursos, frases, objetos, obras, colores, construcciones, sueños, películas?) y finalmente limar las asperezas dejadas por el proceso. Si así fuese, podríamos entender los interrogantes planteados por Javier Marín a su obra: «¿Quién eres? Explícamelo para que pueda saber yo quién soy pues tú eres la guardiana de mis secretos». Cuando dice «me pongo yo en la posición de la escultura», ¿nos sugiere que ella es su espejo y en ella se ve? ¿Y que la escultura, en su materialidad, es el molde de él mismo?

Sí; allí él se ve y nos invita a vernos: en las alas con muñones a las que les falta el ángel: en esos pedazos de carne sin fin que cuelgan desconectados del componente humano no representado, no representable. Bien lo sabemos, aun antes de que Rilke nos lo dijera: «todo ángel es terrible». El propio poeta aclaró por qué es terrible el ángel: por su belleza que linda con lo siniestro, con lo que tiene que permanecer oculto. «Lo bello es el comienzo de lo terrible que apenas podemos soportar». El hombre, ante el espejo que le proporciona el artista, encuentra en esa imagen del ángel mutilado, que impugna los cánones tradicionales de la belleza, lo siniestro que yace en el fondo de sí mismo, eso que es siniestro porque se revela a pesar de que debiera quedar oculto. Tal es el trasfondo de la pregunta que le hace Javier Marín, específicamente él, no todo ni cualquier artista, a sus esculturas. De nuevo: «*E adesso, parla!* Sin subterfugios, revélame quién soy».

Sobra decir que, si él consigue «entrevistar» a sus creaciones, el enigma que es la esfinge esculpida y voluntariamente descuartizada se traslada después a nosotros, los espectadores, cuando la obra se hace pública. Javier Marín nos increpa y nos intima a responder formulando esa doble o triple interpretación de los rostros y cuerpos plasmados en el bronce.

¿Cuáles son los méritos de las formas mutiladas? ¿Quién podría brindarnos una respuesta sino el poeta que comprende la ética que se desprende de los restos de la estatua del Apolo de Belvedere y dedica, en 1908, el soneto a su gran Amigo, el Escultor? Oigamos, oigamos la mirada sonetizada del secretario de Rodin, el de los metafóricos «ángeles terribles», en una traducción más o menos libre:

Torso arcaico de Apolo

Nunca conoceremos su inaudita cabeza
donde maduraban los globos de sus ojos.
Mas su torso aún brilla como un candelabro
en donde su visión, apenas menguada,

perdura y brilla. Sin eso, ni el relieve del pecho
que así te ciega ni la suave curva de sus caderas
deslizaría tu sonrisa hacia el entronque del
medio, donde arraiga el poder de engendrar.

Si no persistiera esta piedra breve y contrahecha
bajo la deslumbrante caída de los hombros
ni brillara como una piel de bestia feroz;

no irrumpiría por sus tajos como una estrella:
pues no hay en ella un punto que no te mire.
Debes transformar tu vida.[4]

R. M. RILKE

La desfiguración de la estatua misma, que ha ido perdiendo pedazos de sí con los años, con los avatares de eso que «destino» llaman, se reduce por fin a un bloque maltrecho en el que uno mismo tiene que cincelar la imagen de su propio ser, tallando a martillazos el futuro. Estos devastados torsos apolíneos, estas derrengadas cabezas marinianas hacen oír voces imperativas para inventarse a uno mismo, transformando la vida, quitándole (*per via di levare*) lo que sobra, el tiempo desperdiciado en la di-versión.

Así es. Las ruinas de una memoria irrecuperable, las de todos nosotros, son como ese torso de Apolo y como los múltiples torsos de Marín: incitaciones a figurar los miembros que faltan, sabiendo que la estatua seguirá mostrando la atroz belleza de sus bordes tallados en la rota piedra, de los múltiples trazos caligráficos que la historia ha inscrito en ella como letras, flechas y marcas de la acción del artista, onomatopeyas del martillo en la piedra, de la uña en el barro, del canal por donde se escurrió la cera perdida. Esos desgarrones son trazos de la ausencia y destrozos de la presencia que encaminan a la redención al apostar en el juego del deseo y conminan a cambiar de vida.

---

4   Texto original en alemán: ARCHAISCHER TORSO APOLLOS: *Wir kannten nicht sein unerhörtes Haupt, / darin die Augenäpfel reiften. Aber / sein Torso glüht noch wie ein Kandelaber / in dem sein Schauen, nur zurückgeschraubt, / sich hält und glänzt. Sonst könnte nicht der Bug / der Brust dich blenden, und im leisen Drehen / der Lenden könnte nicht ein Lächeln gehen / zu jener Mitte, die die Zeugung trug. / Sonst stünde dieser Stein entstellt und kurz / unter der Schultern durchsichtigem Sturz / und flimmerte nicht so wie Raubtierfelle; / und bräche nicht aus allen seinen Rändern / aus wie ein Stern: denn da ist keine Stelle, / die dich nicht sieht. Du mußt dein Leben ändern.*

¿Y lo que no salió a la luz? ¿Cómo es ese ángel que carece tanto de rostro como de cuerpo? ¿Quién fue el visionario que lo retrató? Creo saber cuál es ese ángel, y, si mi hipótesis fuese correcta, me arriesgaría a plantear que el ángel ausente, el ángel perdido en su cera, explica la obra entera de Javier Marín y lo que muchos han llamado sus «contradicciones». Con frecuencia me he topado, como tantos otros, con fotografías de la acuarela emblemática de Paul Klee: *Angelus Novus* (fig. 2).

La pequeña obra de arte no gozaría de tanta fama si no hubiese sido adquirida en 1921 por Walter Benjamin. El filósofo «marxista místico» (si se me permite el oxímoron) escribió a propósito de ella, poco antes de su suicidio en 1940, su «novena tesis de filosofía de la historia» que dice:

Hay un cuadro de Klee que se titula *Angelus Novus.* Se ve en él a un ángel al parecer en el momento de alejarse de algo sobre lo cual clava su mirada. Tiene los ojos desencajados, la boca abierta y las alas tendidas. El ángel de la Historia debe tener ese aspecto. Su cara está vuelta hacia el pasado. En lo que para nosotros aparece como una cadena de acontecimientos, él ve una catástrofe única, que acumula sin cesar ruina sobre ruina y se las arroja a sus pies. El ángel quisiera detenerse, despertar a los muertos y recomponer lo despedazado. Pero una tormenta desciende del Paraíso y se arremolina en sus alas y es tan fuerte que el ángel no puede plegarlas… Esta tempestad lo arrastra irresistiblemente hacia el futuro, al cual vuelve las espaldas mientras el cúmulo de ruinas sube ante él hacia el cielo. Tal tempestad es lo que llamamos progreso.[5]

---

5   W. Benjamin, *Angelus Novus*, traducción de H. A. Murena, Barcelona, Edhasa, 1971, p. 82.

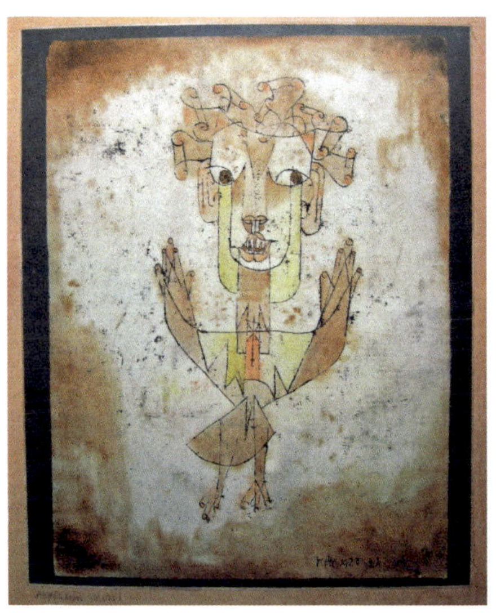

2

PAUL KLEE

Angelus Novus

1920

Dibujo a tinta china, tiza y acuarela sobre papel.

31,8 x 24,2 cm. Museo de Israel, Jerusalén.

Para ir al grano, me atreveré a proponer que ese ángel de la historia es el comentario más preciso acerca de Javier Marín en cuanto artista y que él, en el retablo zacatecano y en su obra plástica, nos da a ver tan solo sus alas descoyuntadas; metáfora y metonimia del todo, de su personalidad, de su credo y de su producción artística. Diré que su arte es, desde los comienzos y a todo lo largo de su no larga vida, una mirada angelical sobre el pasado de la escultura y de las formas en que el cuerpo ha sido representado como modelo de la humanidad. Aceptemos que por eso la crítica se ha empeñado en imponerle rótulos e intentar clasificarlo: «clásico», «clasicista», «renacentista», «barroco», «manierista», «figurativo», «neoclásico», «neobarroco», incluso «reaccionario», «conservador», «retrógrado» y otras «lindezas» que se dedican con frecuencia a quienes se atreven a decir lo inesperado y a mostrar ese inicio de lo insoportable que es el mensaje de todo ángel. La mirada del escultor se dirige «con los ojos desencajados, la boca abierta y las alas tendidas» al pasado, en este caso, el del arte, y allí él no encuentra una cadena de acontecimientos, una sucesión de escuelas y nombres propios, un museo ordenado por los críticos y los historiadores. Él tropieza con una catástrofe única, una acumulación de ruinas que se apilan bajo sus pies. Con fascinado horror quisiera detenerse, despertar a toda esa tradición cadaverizada y recomponer, reconstruir lo despedazado. Pero el tiempo es terco en su marcha hacia el futuro y está clausurado el camino de regreso: solo queda seguir andando, fáusticamente, hacia delante y, sin dejarse domeñar por las atroces premoniciones de las Casandras, solo queda desconstruir y mostrar las costuras y resquebrajos que hicieron posibles estas ruinas.

—¿Al pasado? ¡Desarmarlo!

—¿Y del futuro, qué esperar?

—¡Ay!, del Paraíso que es nuestro destino no baja un coro de querubines, sino un vendaval que separa las alas del ángel y hace sangrar sus heridas. El *progreso* lo empuja, inevitablemente maltrecho, hacia un futuro ominoso e hipertécnico y él solo puede ser testigo de la devastación que sigue elevándose hacia el cielo. Sólo queda marchar a regañadientes hacia un futuro en el que yace «una débil esperanza mesiánica sobre la cual el pasado tiene un derecho»:[6] «Allí donde crece el peligro, crece también lo que salva» (Hölderlin). ¿Qué peligro? Justamente el del progreso. Marín se detiene a escuchar nuevamente el mensaje de Benjamin; es entonces cuando el poeta del bronce que mora en él oye la sexta de esas tesis y se atreve a dejar en blanco el espacio entre las cuatro alas para que sobre esa oquedad literalmente desangelada se realice el milagro del sacrificio del altar: «En cada época es preciso esforzarse por arrancar la tradición al conformismo que está a punto de avasallarla. El Mesías viene no solo como Redentor, sino como vencedor del Anticristo».[7] En la lucha entre una tradición que es venerada al mismo tiempo que se la traiciona mediante la sacralización de las obras de arte codiciadas por los poderosos según la evaluación de los anticuarios y, del otro lado, un progreso profanador que transforma los cuerpos agregándoles prótesis maquínicas y convirtiéndolos en *cyborgs*, vale decir, un progreso de gusto tecnocrático que patrocina un arte excrementicio, los insólitos y ausentes ángeles de Marín proponen el sólido y gigantesco retablo que se extiende detrás de sus alas.

---

6   Ibíd., p. 78.
7   Ibíd., p. 80.

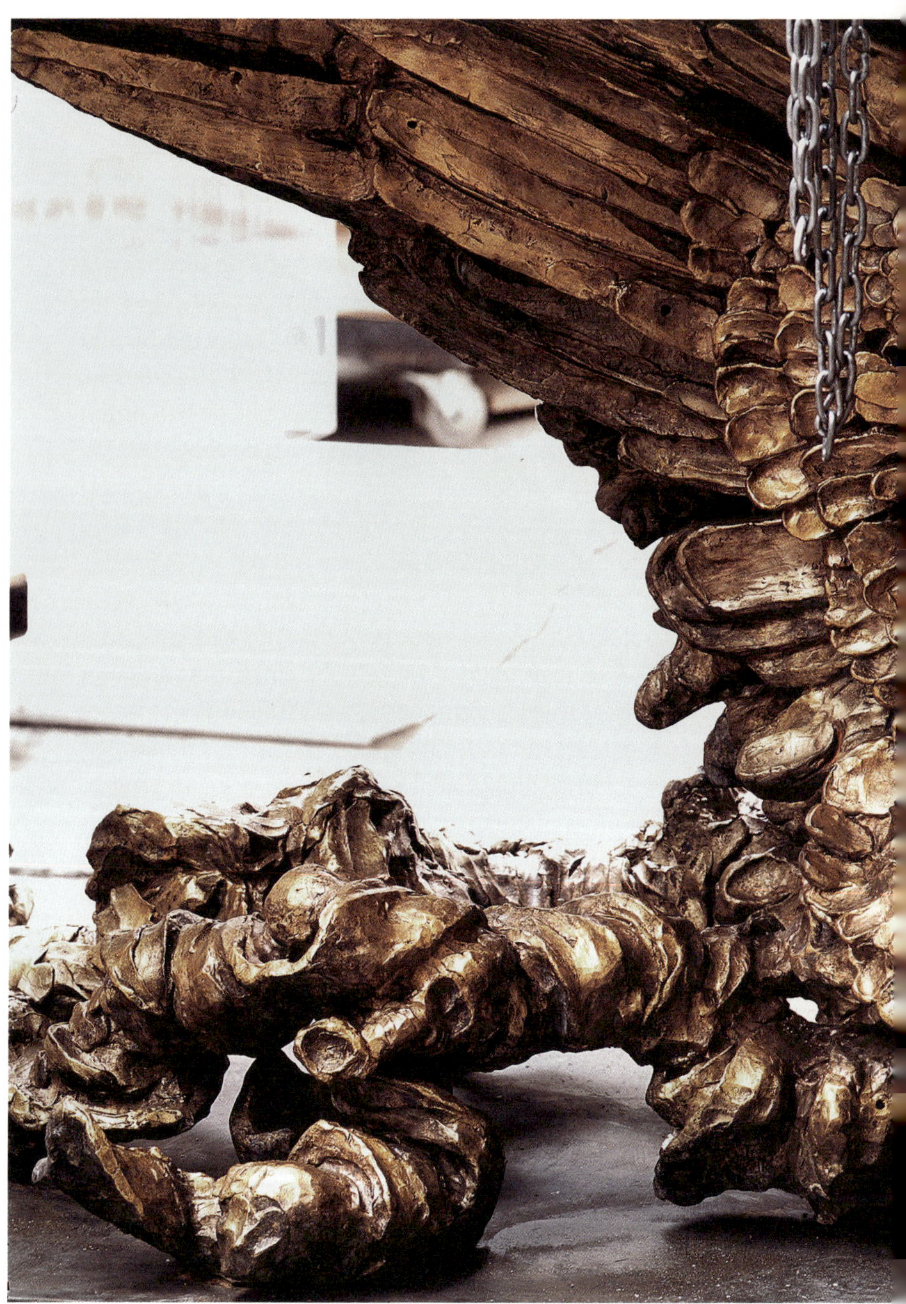

Javier Marín
Alas
2010
Bronce a la cera perdida.
88 x 300 x 130 cm. Detalle.
Foto: Víctor Benítez.

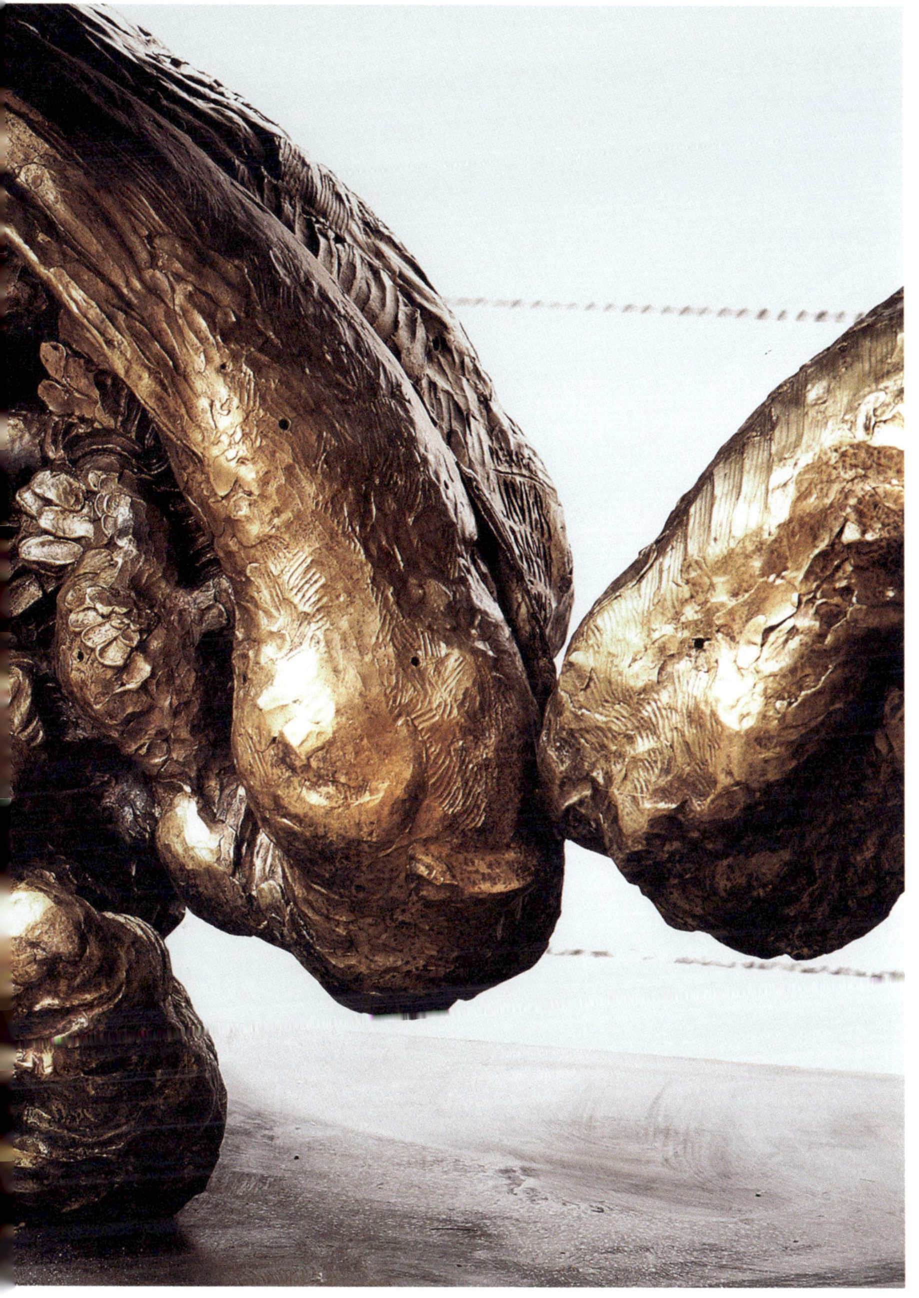

Javier Marín, inventor de cuerpos despedazados

¿Para qué tantos miramientos a la hora de discurrir sobre la obra de *este* escultor único, que vive más allá de toda generalización, del particular escultor que es Javier Marín?

Su producción, como la de todo artista, nace en un ambiente preñado de palabras: historia de la escultura, materiales, géneros y subgéneros, modos de distribución y difusión, escuelas y grupos, estimación de lo innovador y lo conservador, evaluación de la «importancia» (cuando no del precio mercantil), validación y valoración del producto firmado, destino efímero o duradero del mismo.

Cada obra de arte es engendrada y parida en un lecho simbólico donde copulan la historia y la coyuntura subjetiva del creador. Los violentos comienzos del siglo xxi en México se traslucen en las esculturas de Javier Marín.

Ni las opiniones del artista ni el credo del crítico o del comentarista permiten acceder al secreto o al misterio de las obras. Tampoco las obras sirven para «comprobar» ninguna teoría. Nunca jamás. Puede que haya, en el mejor de los casos, una recóndita armonía entre las esculturas marinianas y algo, más o menos verosímil, más o menos documentado, que se dice de su creador. Entre sus declaraciones a quienes lo entrevistaron con sus recuerdos de episodios vitales y los productos que surgieron de sus manos e imaginación.

Como en Rodin, el modelo no está ante él, reside en su memoria.

Me consta que a Javier Marín le divierte escuchar a los entusiastas de sus obras, esos que –además– saben de historia del arte, discutiendo sobre su posición entre las diversas escuelas o tendencias, los «ismos» de los siglos pasados y del presente.

Tiene razón cuando sonríe irónicamente al oír las opiniones de los «expertos». No solo él: cada creador auténtico inventa el mundo a su modo, sin imitar a sus colegas y coetáneos: su ser como persona y como artista es singular. Su arte expresa una visión hecha de sueños, fantasías, recuerdos de su infancia y de obras ajenas, estudios en la academia, maestros, impulsos sugeridos por los materiales que maneja.

¿La inspiración?: «¿Y qué tal si hago esto?». «¿Y por qué no haría esto otro?».

¿El método?: «Que la inspiración decida».

Cada artista goza (sufre) a su manera. También el crítico escribiendo sus laboriosos ensayos, abrumando con adjetivos a unas piezas que no los necesitan.

Desde una definida postura teórica ante el arte se podrá estudiar al artista, su obra, el contexto de su producción. ¿Se verán avaladas o reforzadas por esa obra las posiciones adoptadas por el crítico –un apelativo que equivale al de «zapatero» (ya hemos evocado la sentencia de Apeles) y permite enviarlo a sus calzados–?

En la fácil –aunque no siempre clara– distinción entre lo figurativo y lo abstracto, puede decirse que Javier Marín ha optado por la escultura figurativa. En la fácil –pero no siempre clara– distinción entre lo naturalista, lo impresionista y lo expresionista, puede decirse que la suya es, para decirlo con una breve formulación, escultura expresionista. Mejor, para ubicarlo en su tiempo y separarlo del pasado: neoexpresionista.

Neoexpresionista y neofigurativo. Quizás habría que buscar las correspondencias estéticas, no tanto en Nueva York, como se tiende a hacer, sino en la Alemania posterior a la década de los años cincuenta. La pintura de Baselitz e Immendorf, el cine de Fassbinder, la *Trümmerliteratur* (literatura de los escombros) y las novelas de Böll, Grass y Christa Wolf tienen mayor afinidad con sus esculturas que las estatuas de Henry Moore o las pinturas de Rothko o de Newman.

Podría hacerse una excepción con una cierta mirada sobre el cuerpo humano análoga a la de Javier Marín: la de Willem de Kooning, el holandés que dejó los Países Bajos y se empeñó en torturar imágenes antropomórficas en otro y Nuevo Mundo.

Neoexpresionismo es el rótulo que me siento tentado a pronunciar para referirme a un conjunto de manifestaciones artísticas a las que es más fácil definir por aquello en lo que se distinguen que por aquello que las agrupa. Las contrapartes, las tendencias actuales diferentes del neoexpresionismo, aquellas con las cuales no se le podría confundir, son: el arte abstracto, el arte conceptual, el minimalismo y la figuración neoclásica.

Muchas veces oímos hablar del neoclasicismo de Javier Marín. No podemos estar de acuerdo con esas voces, pues su obra es más bien un ataque abierto al clasicismo. ¿Una alusión? Sí; una alusión disolvente. Obviamente para disolver, para ser anti-algo, es necesario reconocer ese algo al que se impugna y se invierte poniéndolo «de cabeza», como dice el título de una de las obras del escultor. Un clasicismo irónico, paródico.

Una belleza renovada que apunta al tiempo futuro surge a partir de la deformación de lo que se considera bello y armónico en el arte clásico.

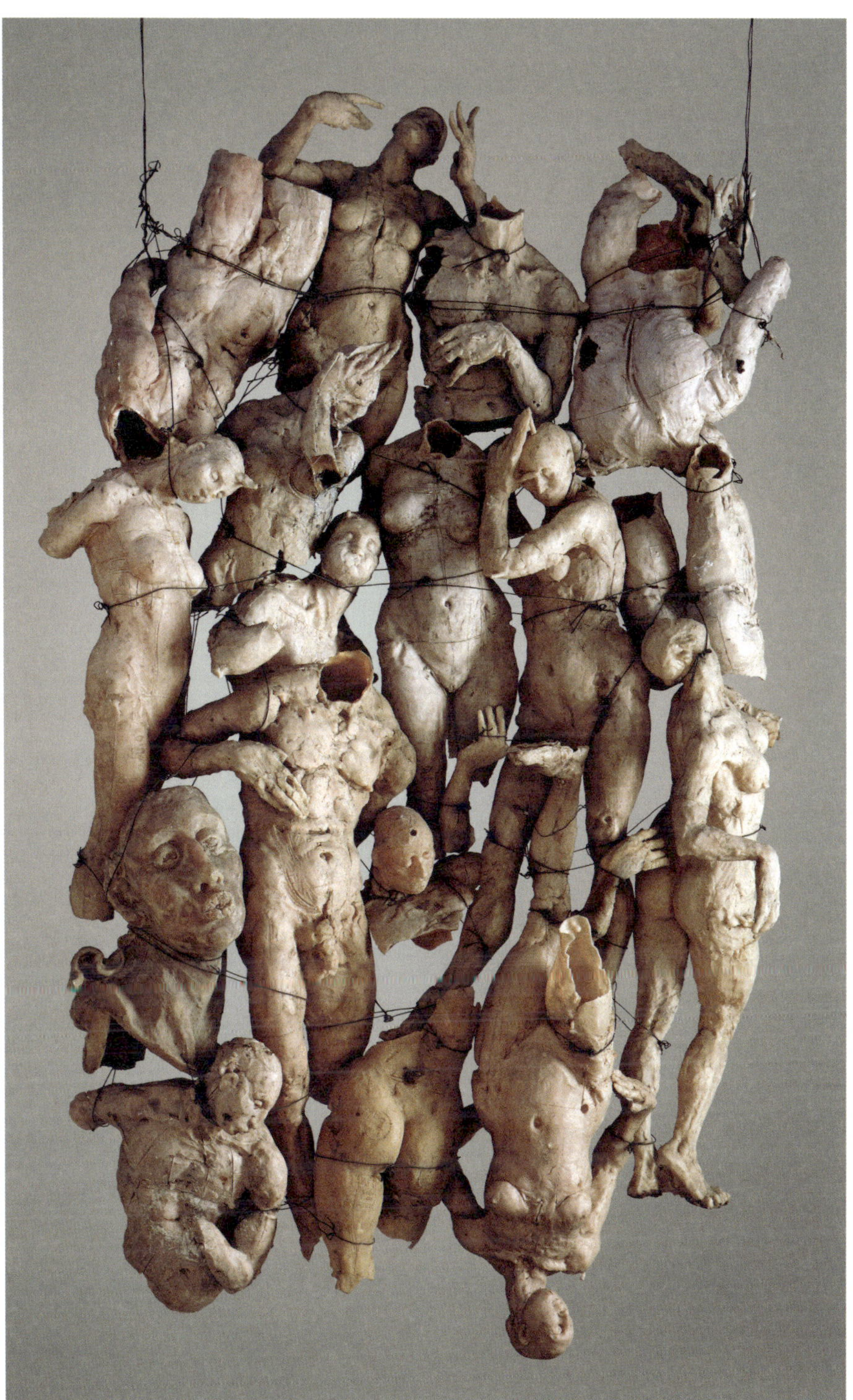

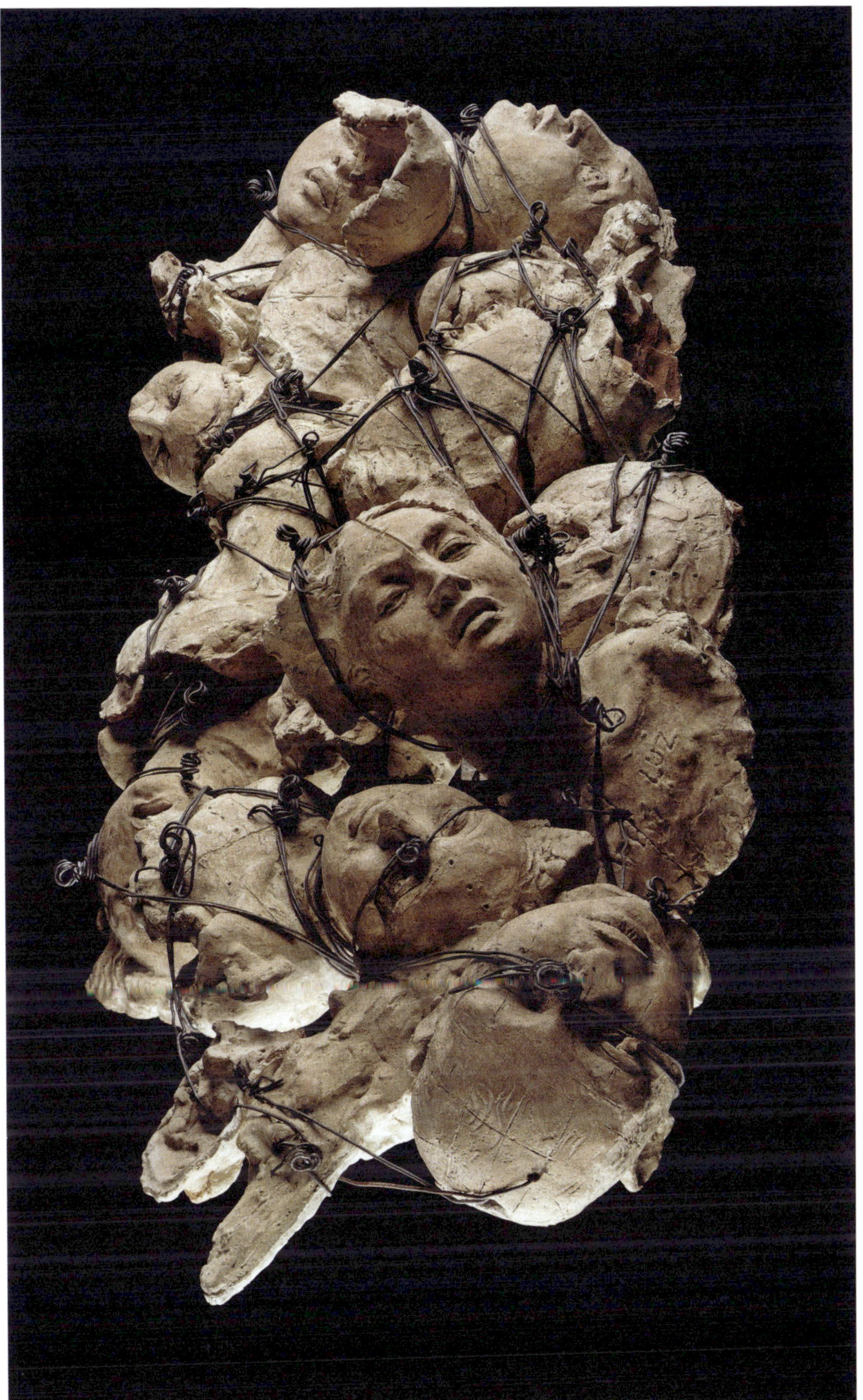

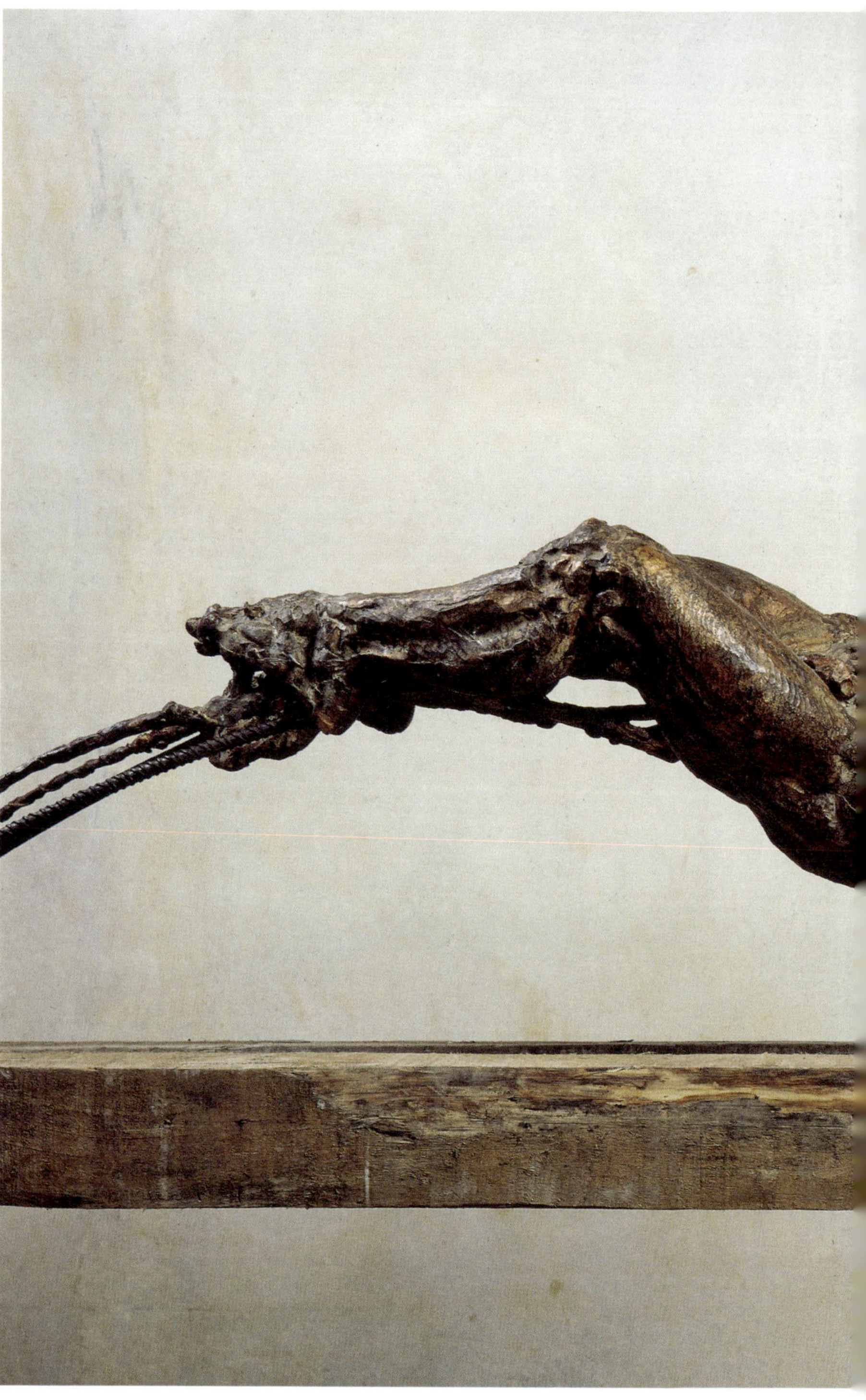

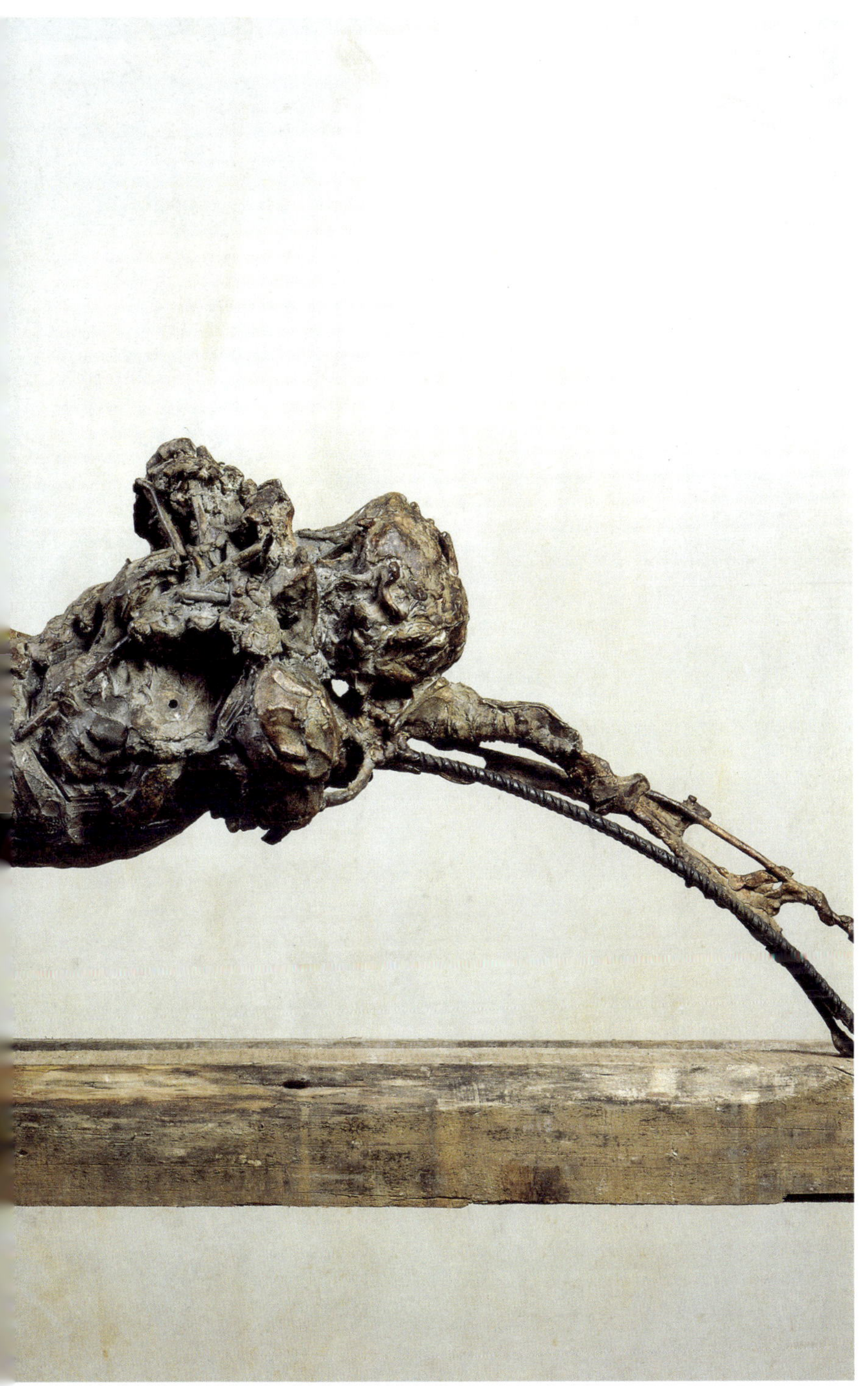

PÁG. 56, 57
Javier Marín
Horizontal (Hombre varilla)
1998
Bronce a la cera perdida.
37 x 145 x 37 cm.
Foto: Javier Hinojosa.

Javier Marín
Hombre varilla I
2007
Resina de poliéster y bronce
a la cera perdida.
75 x 450 x 155 cm.
Foto: Armando Canto.

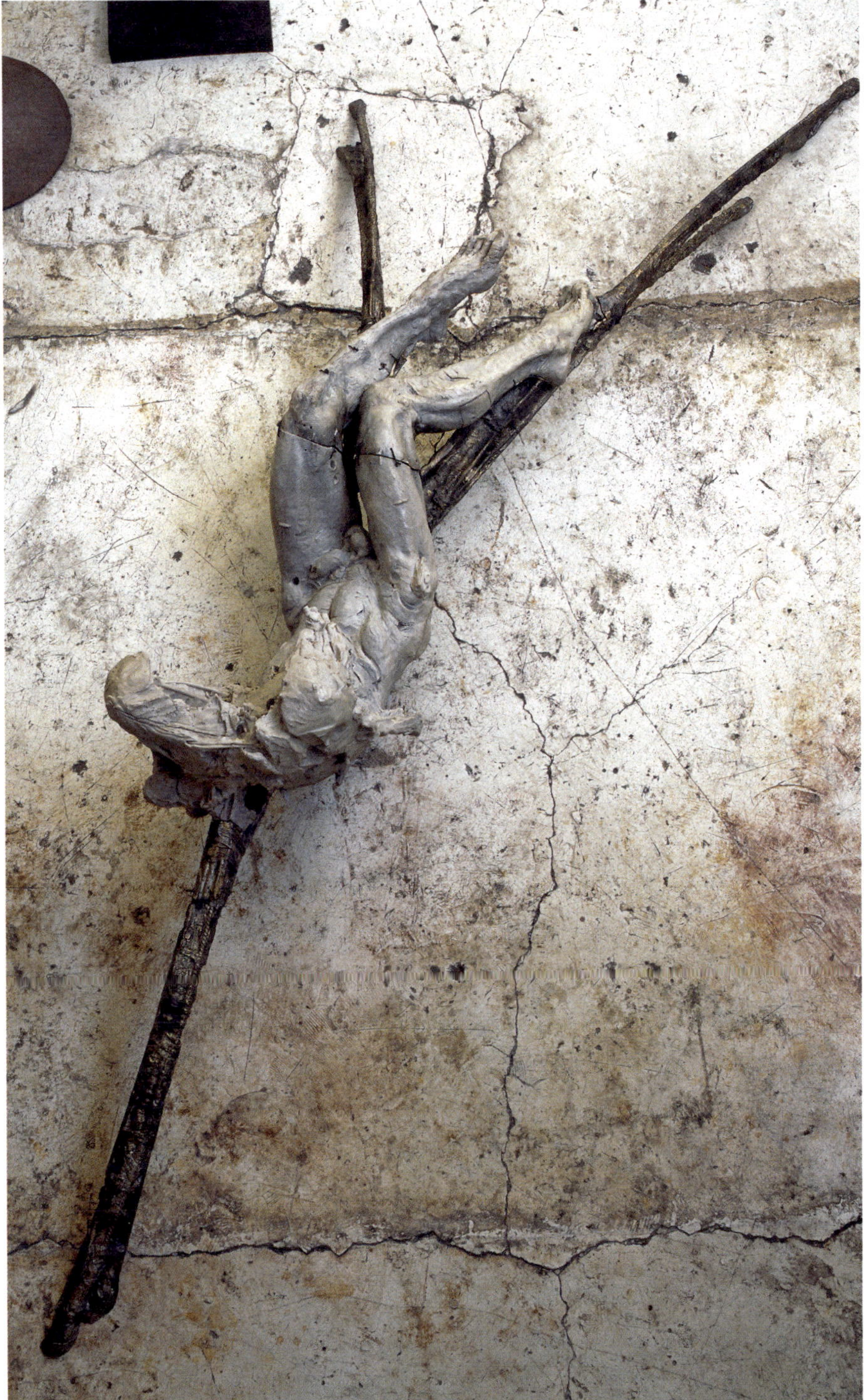

El paradigma conceptual de estas esculturas debe buscarse en esa acuarela del *Angelus Novus* de Klee, tal como se revela en la iluminadora lectura que de ella hace Walter Benjamin. Mirar sin ignorarlas, y también sin espanto, a las ruinas del pasado para arriesgarse sin temor ni temblor a entrar en el futuro. De ello nos ocupamos en el capítulo anterior, dedicado al retablo que Javier Marín esculpió para la catedral de Zacatecas.

Pergeñar alas sin ángeles y hombres que son ángeles sin alas para mostrar lo incompleto de unos y otros.

En la fácil tarea de reconocer imágenes puede decirse que la figura humana es el objeto privilegiado y casi único de la obra plástica de Marín, y que somete a los rostros y los cuerpos a un tratamiento rudo, ajeno a la convención y a la compasión.

Despedaza, desintegra, descuartiza, trepana, horada, muestra la general fragmentación de cuerpos y almas y llama así a la recomposición, a la restauradora actividad de un arte que, mostrando la realidad, impulsa a transformarla.

¿Qué entendemos por neoexpresionismo mariniano?

Asumiendo la relatividad de las denominaciones de escuelas y tendencias, digamos que lo «expresionista» es, en toda obra –tanto de Marín como de cualquier otro–, la presencia manifiesta de la subjetividad gozante (sufriente) del artista.

Una distorsión de la realidad, que, como el sueño, surge también cuando los ojos se cierran y la memoria se desboca creando quimeras. Apertura a otra realidad, irreconocible. Otra escena, no la del mundo compartido.

La falta y la incompletitud son, en su obra, los elementos creativos que trascienden a la naturalidad fotográfica de la representación.

Las esculturas, los mudos cuerpos de Marín, hablan y muchas veces gritan; piden que se les escuche, que cada espectador sea crítico y traductor del impacto de la verdad que esos cuerpos revelan; su verdad. En los dos sentidos de «su»: la verdad del cuerpo distorsionado y la verdad del artífice convertida en millares de autorretratos.

Javier Marín «transfigura» la carne de los cuerpos que él plasma en esculturas. El espectador es conjurado para que «traduzca» esos cuerpos maltrechos en discurso, agregando un plus de palabras al impacto causado por la obra.

En sus esculturas, la sustancia terrenal –el bronce, el barro maleable, la artificiosa resina y hasta el humilde amaranto– se hace elocuente al pasar a través del ojo de esa aguja que es la pupila del mirón. Los objetos humanoides, modelados por la memoria y la imaginación, son racimos, colmenas, tropeles de signos en busca de sentido.

«*Ein Zeichen sind wir, deutungslos*» (signos somos, carentes de sentido) (Hölderlin). Somos nosotros (*wir*) los enigmas conminados a producir sentido(s). A partir de la mutilación, en la imposible tarea de colmar lo que por siempre falta y que, por eso, alberga una belleza incierta que lleva a la pregunta sobre lo que no se ve.

Hay un doble movimiento: Marín, como creador, transforma lo inteligible (la idea) en sensible (obra de arte). El público, como espectador, recorre el camino en sentido inverso, pasa de la obra a la idea, de lo sensible a lo inteligible. O a lo intraducible e inefable del traumatismo.

Sus obras son claramente sexuadas. La ambigüedad es excepcional. Los títulos más frecuentes indican la sexuación de las figuras. Raramente se economizan los detalles anatómicos; todo lo contrario: se realzan penes y mamas y formas de las pelvis y rasgos de los rostros. Todos aquellos caracteres sexuales primarios y secundarios que se exhiben en las láminas de los tratados de anatomía.

Mujeres embarazadas, guerreros y Venus, manotas y manitas, Hermes algunas veces, y Afroditas, otras; nunca hermafroditas. Sin duda.

Javier Marín
Hombre varilla II
2007
Resina de poliéster y bronce
a la cera perdida.
95 x 285 x 207 cm.
Foto: Víctor Benítez.

Javier Marín
Hombre varilla II
2007
Resina de poliéster y bronce
a la cera perdida.
95 x 285 x 207 cm.
Foto: Víctor Benítez.

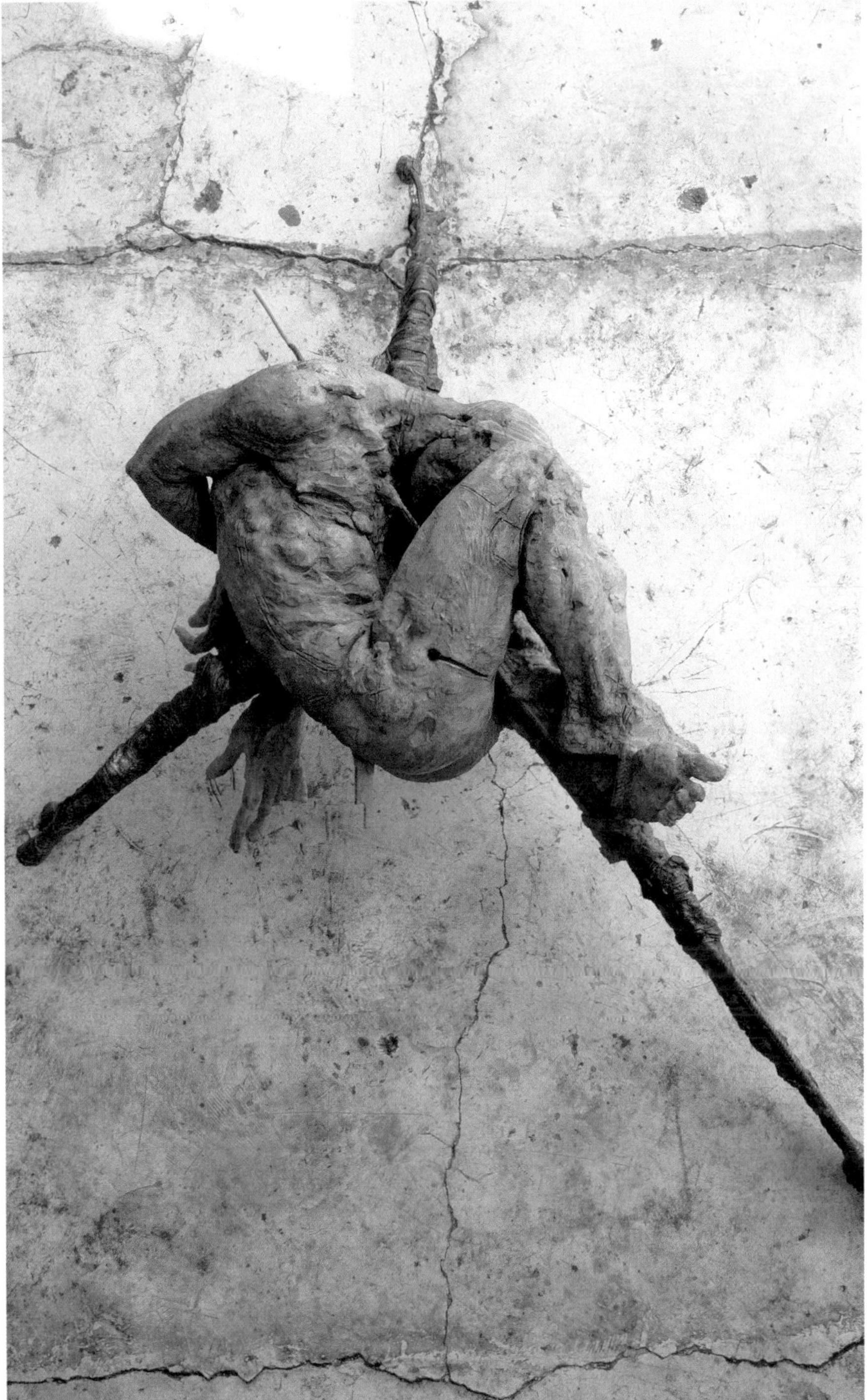

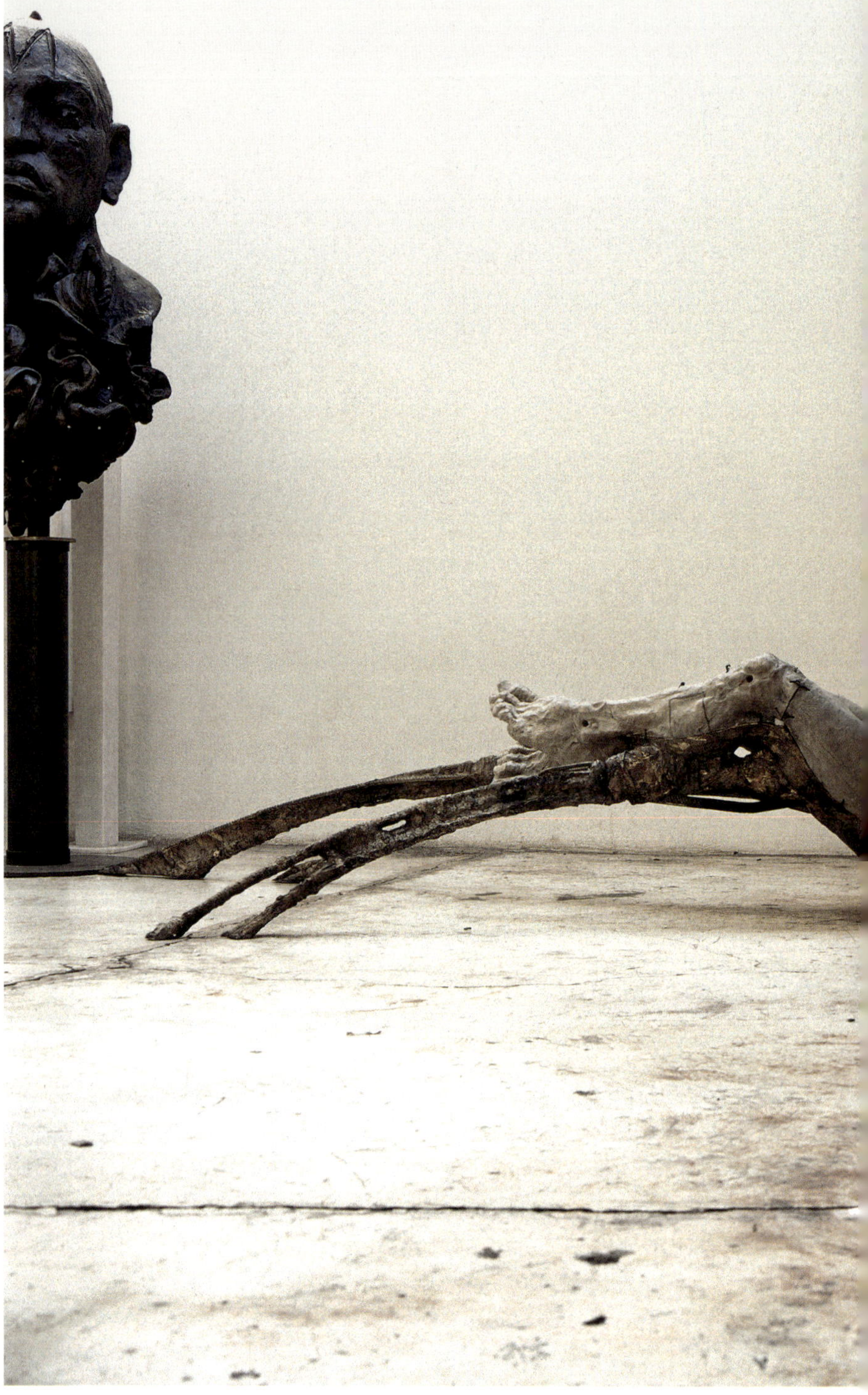

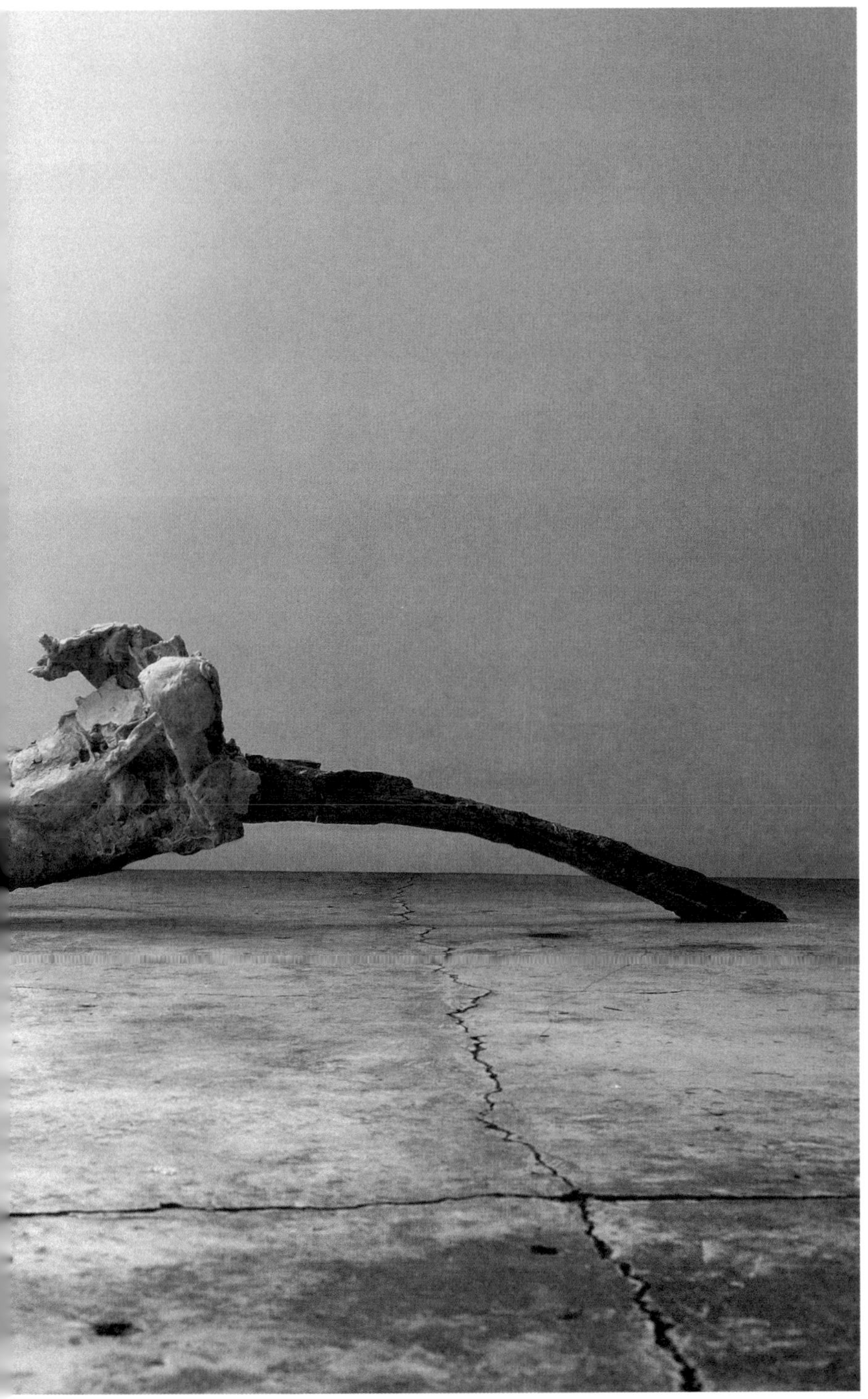

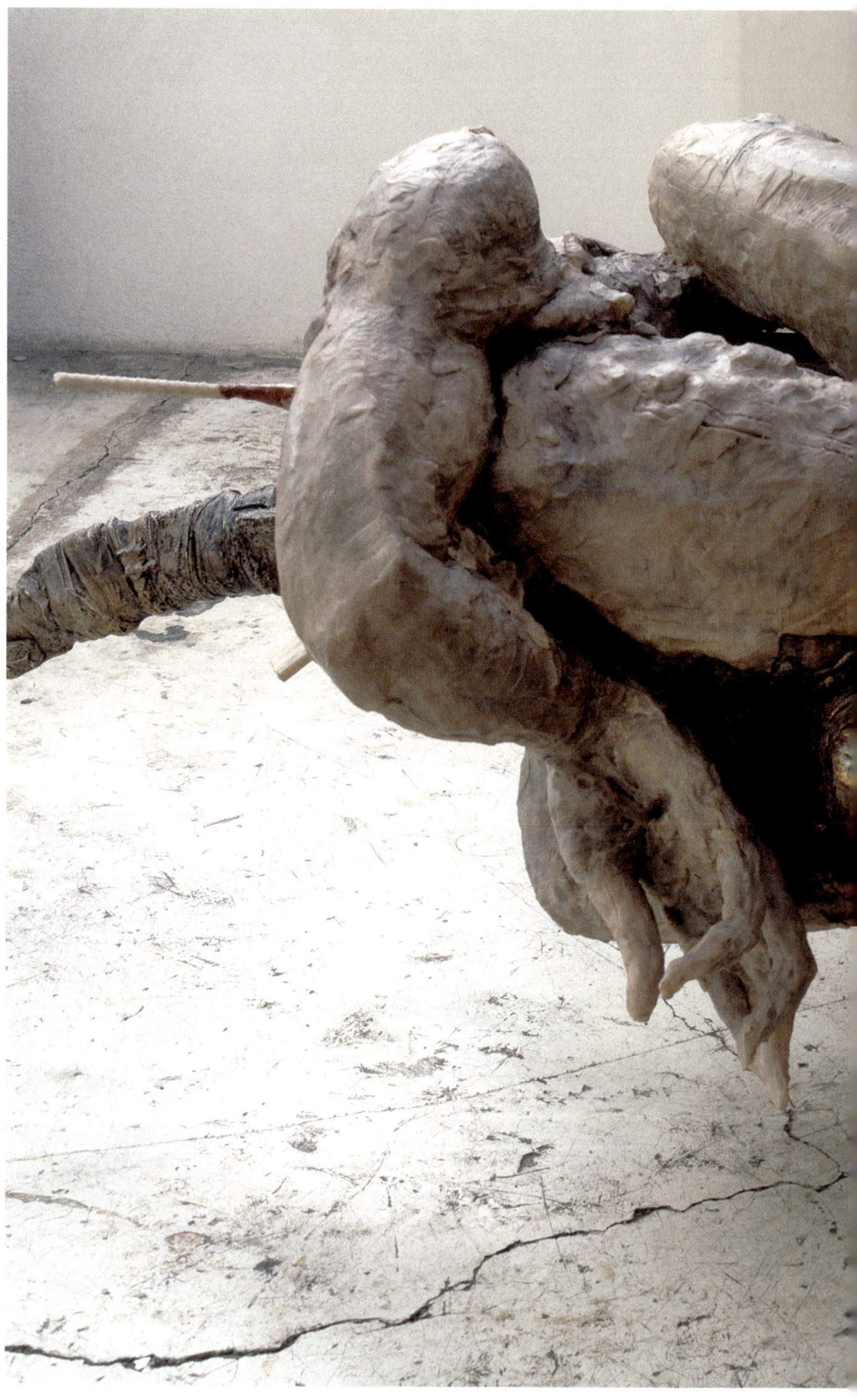

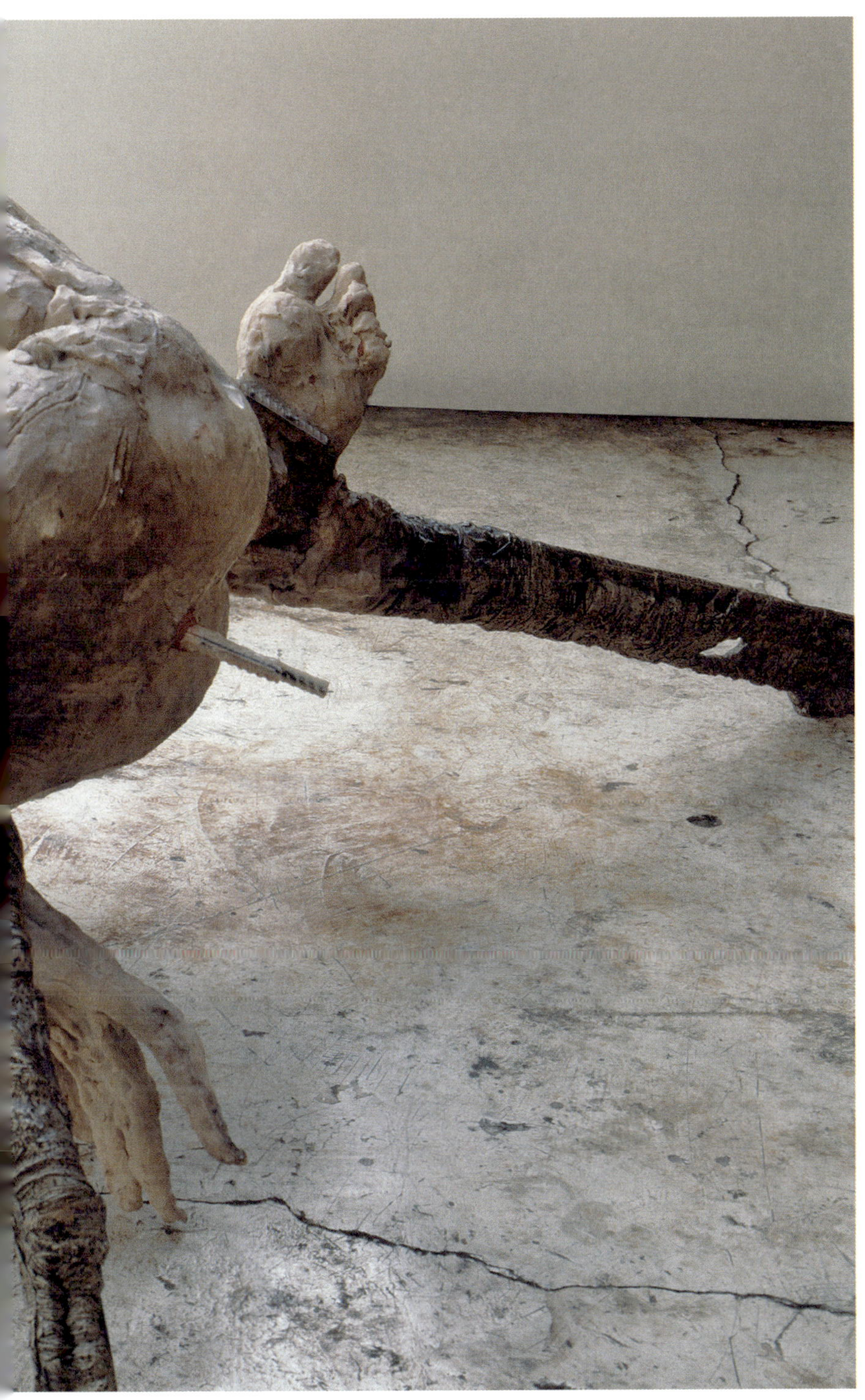

Ora con el dúctil barro, ora con el rígido bronce, las figuras –«autorretratos de quinientos mil javiermarines»– son seres sin sospechas, aunque se muestren lastimados e incompletos. Los frecuentes títulos o nombres de mujer y de hombre no tienen nada que aclarar: son redundantes. La designación «sin título» es más exacta.

Nunca son, sin embargo, figuraciones ideales o idealizadas de la sexualidad. Tampoco *naturales.* La expresión artística desconstruye los arquetipos de lo masculino y lo femenino. La sensualidad es desterrada y el erotismo es contrarrestado por la fuerza destructora de la pasión; pasión por la verdad, enemiga de las intrigas y de las trampas de la convención.

El clasicismo idealiza. El expresionismo, anterior en la historia del arte a toda escuela y presente ya en los orígenes –en Lascaux y Altamira (fig. 3)–, disuelve los ideales y denuncia su inconsistencia.

¿Por qué las figuras más conocidas y admiradas de la antigüedad clásica son las que han llegado incompletas a nosotros? La Victoria de Samotracia, la Venus de Milo (fig. 4), los torsos del Vaticano y el Louvre, el Apolo del templo de Zeus en Olimpia, para recordar sus nombres célebres y las imágenes de todos conocidas (fig. 5).

¿Por qué esa fascinación de los expertos, que no de los turistas, que los lleva a preferir el expresionismo de la Piedad Rondanini al clasicismo de la Piedad Vaticana? ¿O los esclavos encadenados que parecen entrar confusamente en el mármol al David que salió de él?

¿Por qué conmueven el caminante de Rodin, sin cabeza ni brazos, la pierna descarnada de Giacometti, las incontables cabezas de San Juan, Holofernes y Goliat? (fig. 6-7) ¿Por qué los pies y los corazones en platones de Javier Marín?.

¿Por qué las cascadas de cuerpos mal ensamblados de nuestro escultor, los órganos y entrañas de los sacrificados, las reliquias

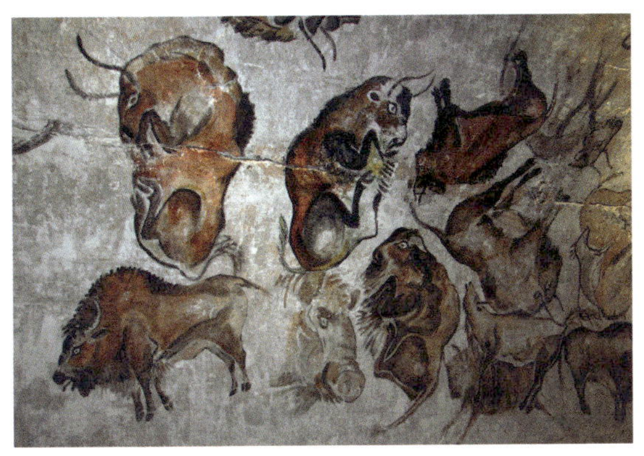

3
Bisontes
Cueva de Altamira (Cantabria),
muestra de arte rupestre
del Paleolítico superior.

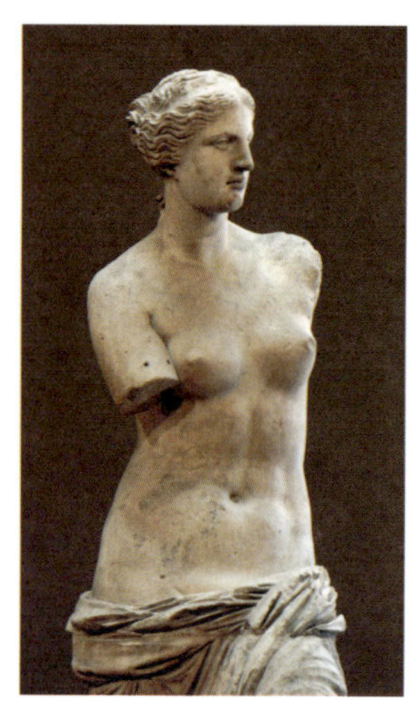

4
Afrodita o Venus de Milo
antes de 100 a. C.
Mármol. 202 cm.
Museo del Louvre, París.

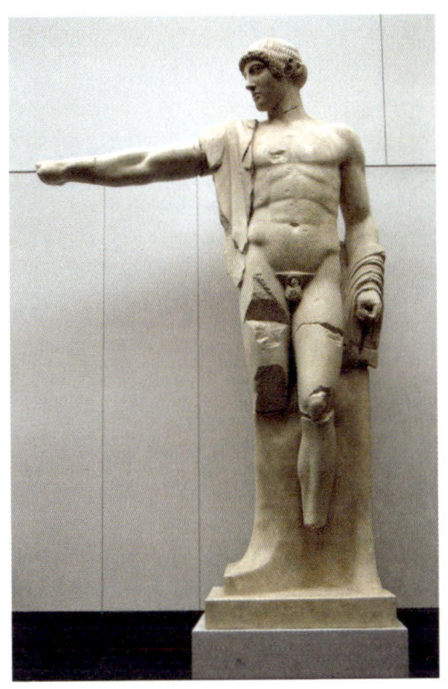

5

Apolo

Molde de yeso de una escultura del Templo
de Zeus Olímpico (Maestro de Olimpia,
470 y 456 a. C.). Museum für Abgüsse
Klassischer Bildwerke, Munich.

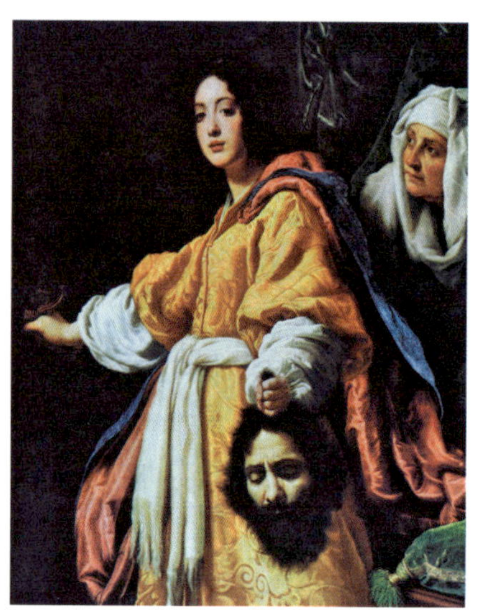

CRISTOFANO ALLORI
Judith con la cabeza de Holofernes
ca. 1610-1612
Óleo sobre lienzo, 139 x 116 cm.
Palacio Pitti, Florencia.

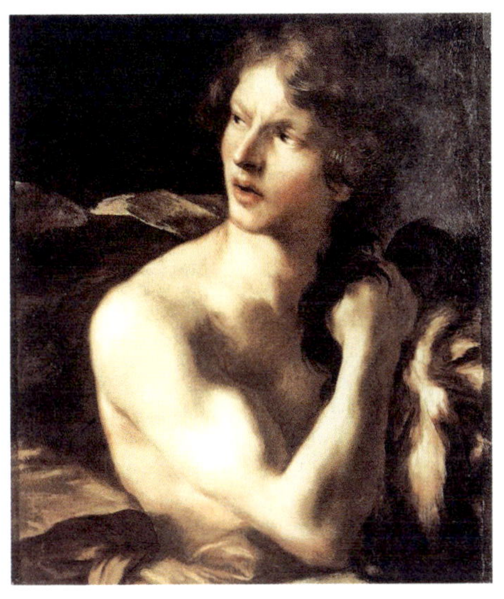

GIAN LORENZO BERNINI
David con la cabeza de Goliat
1625
Óleo sobre lienzo. 75 x 65,5 cm.
Galería Nacional de Arte Antiguo, Roma.

de los santos, los objetos parciales descoyuntados, la fascinación por los muñones, por el hueco de las esculturas vaciadas de su «carne» visceral?.

¿Cuál es el empeño al buscar la otra verdad del hombre y la mujer en las endoscopias y las autopsias?

Es que todos y cada uno sienten (y gozan) de esa incompletitud. Podría uno incluso arriesgarse a decir, sin alejarse de Freud, que el trabajo de la cultura es un intento de disfrazar el hecho fundamental de que somos seres incompletos, anticipos de la disolución que nos espera.

La fragmentación del cuerpo es la verdad primera, anterior a la integración en una unidad imaginaria, ofrecida por el espejo y refrendada por el padre que nos nombra y nos llama a reconocernos como *yo*.

Contemplando estas figuras maltrechas y tan célebres de la antigüedad nos encontramos a nosotros mismos. Por nuestra propia falta nos identificamos con el horror de la amputación que es nuestro pasado, hace nuestro presente y anticipa el ser futuro.

La respuesta a la fragmentación es instintiva o lo parece. Se extrañan la «buena forma» encomiada por la *Gestaltpsychologie* y la imagen integrada del *self* como surge de la unificación que concede el espejo al infante de Lacan.

Sin esa suturación de las faltas, el sujeto se escinde y regresa al mundo terrorífico del desamparo, al grito desesperado ante la «cosa» sin nombre, cuando ningún prójimo es auxiliador.

Son los trazos de la ausencia y los destrozos de la presencia que encaminan a la redención por la puesta en juego del deseo.

Esa destrucción de la idealidad formal tiene en psicoanálisis un nombre específico: castración. Porque esa idealidad formal es la del falo que se tiene (masculino) o que se es (femenino). Y en los dos casos sobre un fondo de cuestionamiento: ¿lo tengo? ¿lo soy?

En referencia a ese pedazo de carne que falta en tantas esculturas del pasado, tanto en Oriente como en Occidente o en Mesoamérica, ese «cacho» colgante con el cual los otros trece pedazos de Osiris podrían llegar a completar un cuerpo divino.

Figuras de hombres y de mujeres, sí, pero lacerados, tallados, heridos, cicatrizados, agujereados, despedazados y recompuestos, exhibiendo sus mataduras. Figuras mortificadas que no esperan la resurrección de los cuerpos.

Los artificios escultóricos son, en Javier Marín como en los otros casos mencionados, memoriales de la agresión y la violencia. Eros desbastado por Tánatos. Ejemplos sublimes de erotanatismo.

Raramente se puede aplicar a sus esculturas el adjetivo más preciado, aunque no el más valioso, en la historia del arte: «bellas».

¿Y el saldo? Es la obra de la verdad, el objeto real llamado a la vida del pensamiento y la vida de ese objeto continuada en la vida del espectador, que a su vez es «alterada» por el contacto con la obra de arte. Por el pasaje a otro mundo de raras ideas y formas inéditas. Por el imprevisible inconsciente, cincelado a golpes de síntomas y sueños y equivocaciones.

La obra de arte es verdadera cuando «hace otros» (*alter*) al artista y a su público. «*Du musst dein Leben ändern*» («Debes transformar tu vida»): con ese mandato termina el soneto de Rilke. Obviamente, no todo lo que se presenta como artístico alcanza su objetivo de con-mover alterando al espectador.

Estamos ante una dimensión de la obra de arte que no es puramente estética. El imperativo de cambiar de vida es ético. Así, el objeto artístico se permite apuntar a una verdad. Es su dimensión epistémica. Lo verdadero es bello y es bueno. Aunque duela.

Cuando esos tres se conjugan estamos ante un «acontecimiento». Los tan debatidos «pares de zapatos» de Van Gogh (nunca sabremos si eran los suyos), en sus tantas versiones, brillan más

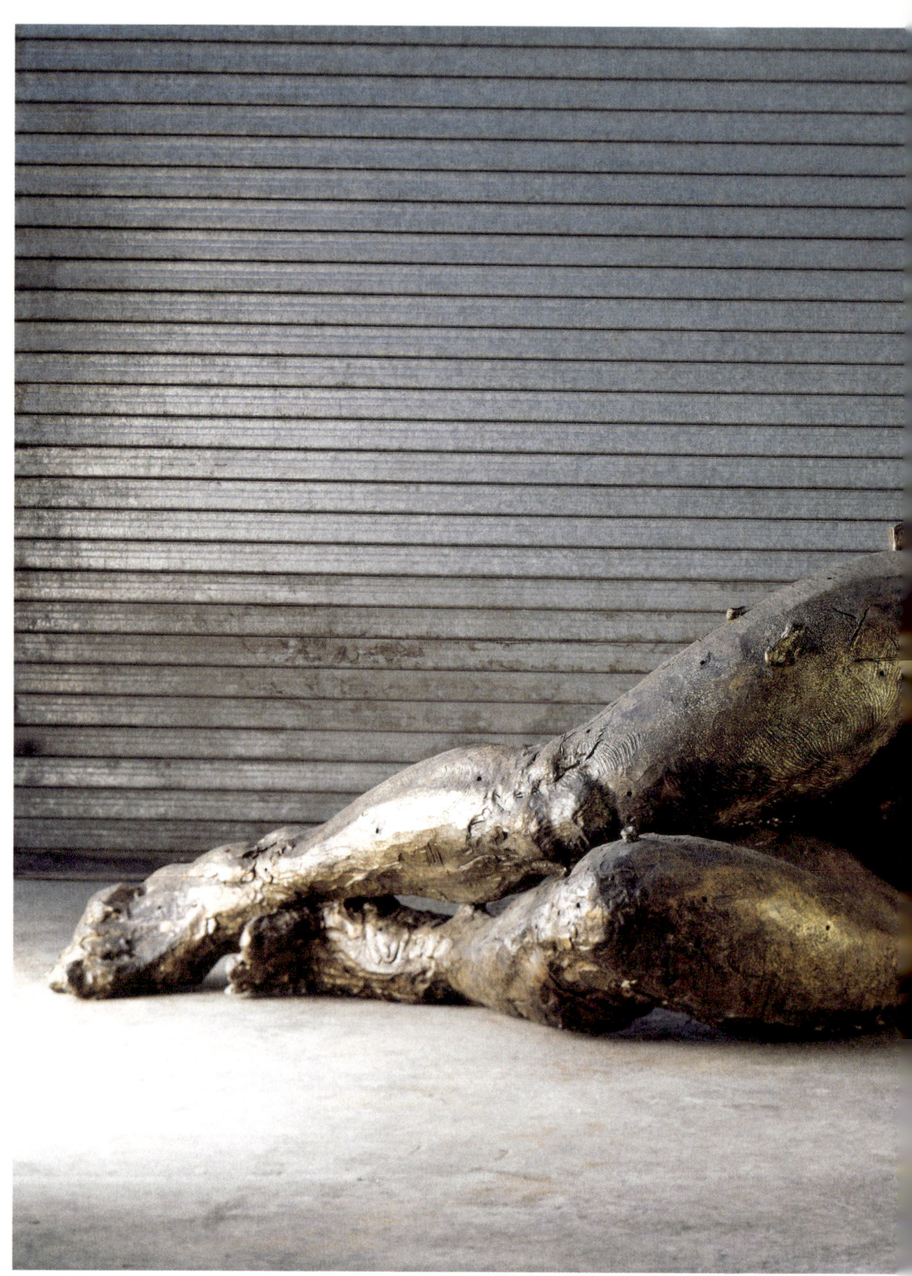

Javier Marín
Mujer horizontal grande (cielo, tierra)
2004
Bronce a la cera perdida.
72 x 262 x 112 cm.
Foto: Víctor Benítez.

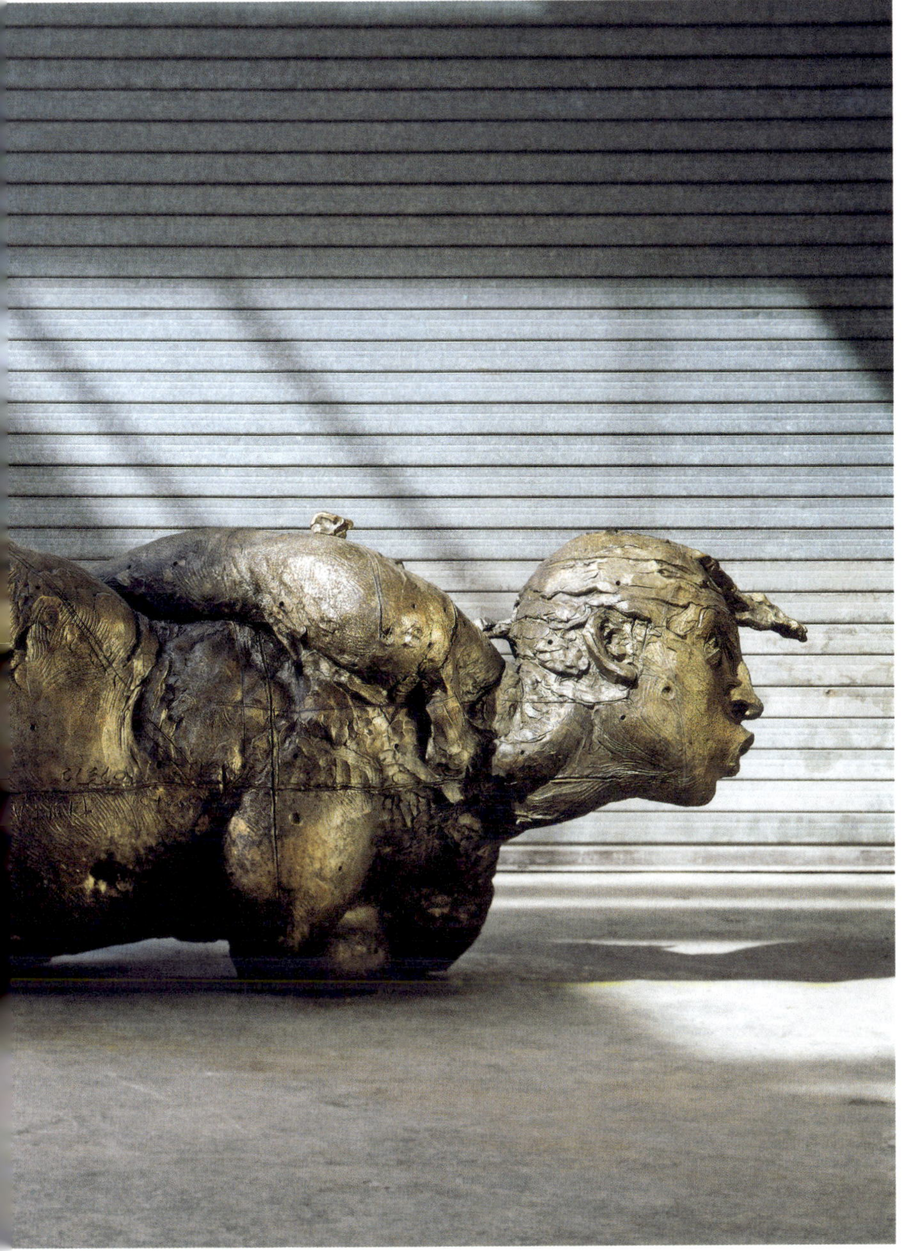

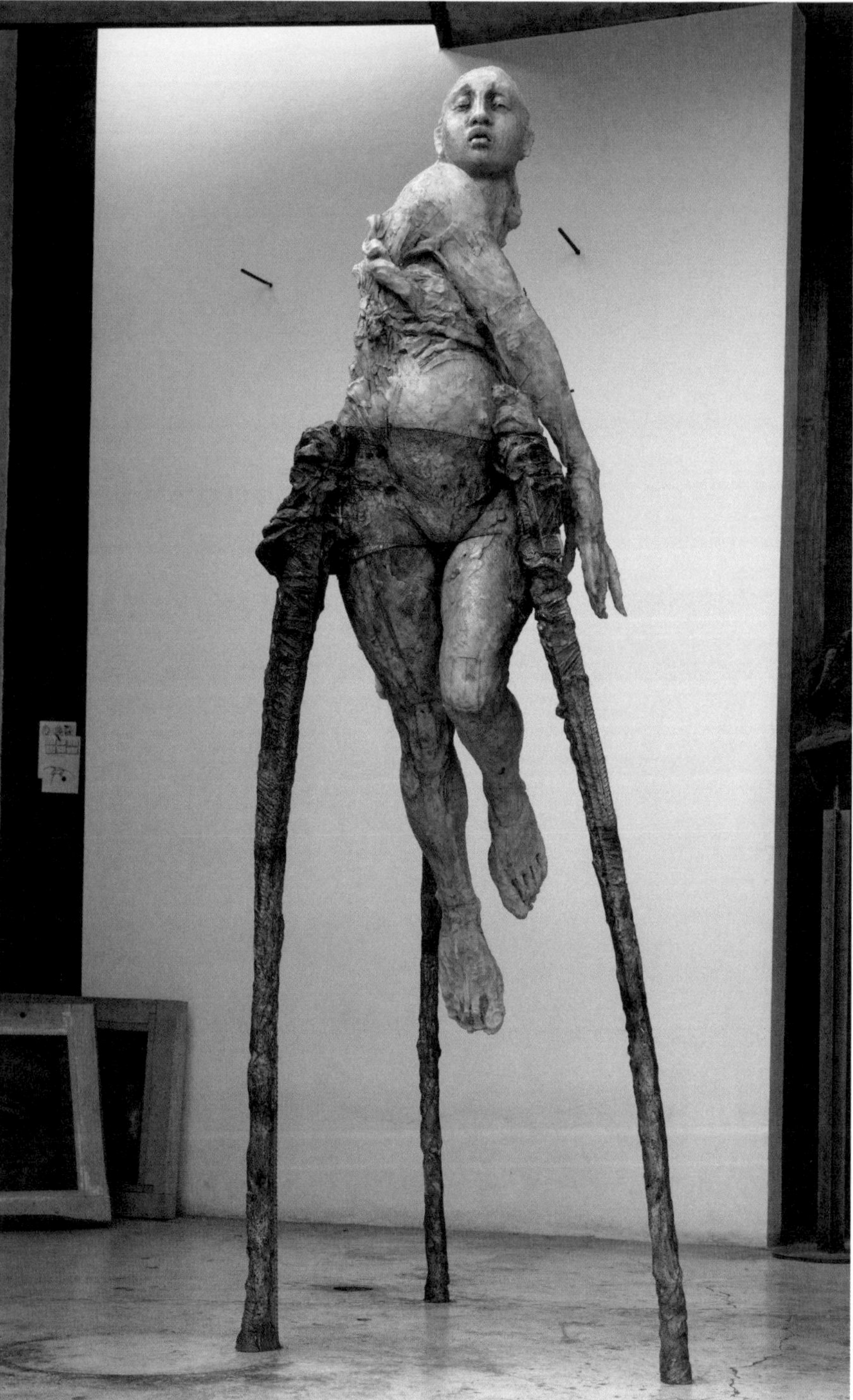

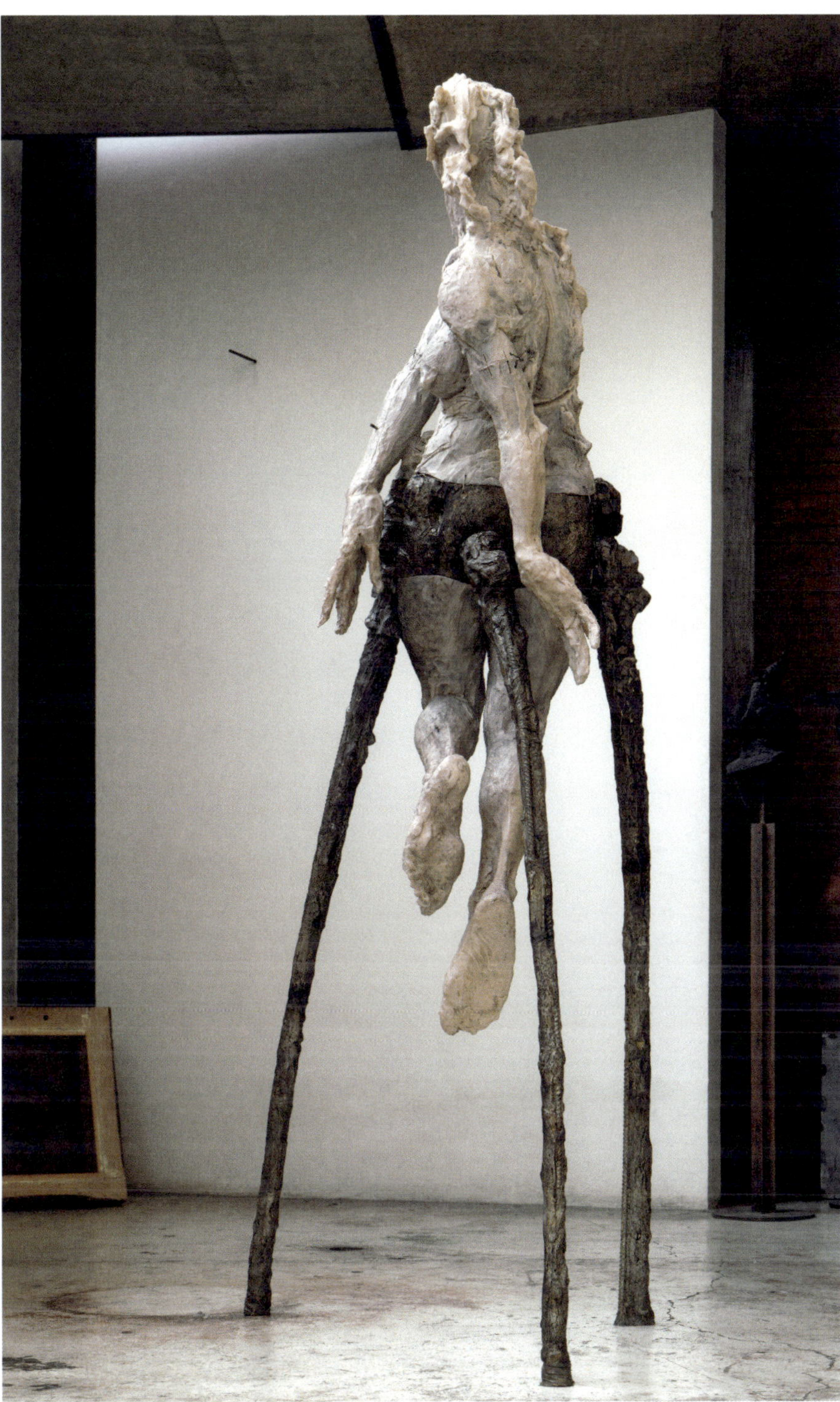

PÁG. 78-79
JAVIER MARÍN
Mujer varillas
2007
Resina de poliéster
y bronce a la cera perdida.
280 x 100 x 120 cm.
Foto: Víctor Benítez.

JAVIER MARÍN
*Sin título (de la serie
Círculo de mujeres)*
1993
Barros de Zacatecas
y Oaxaca con engobes.
57 x 31 x 33 cm.
Foto: Javier Hinojosa.

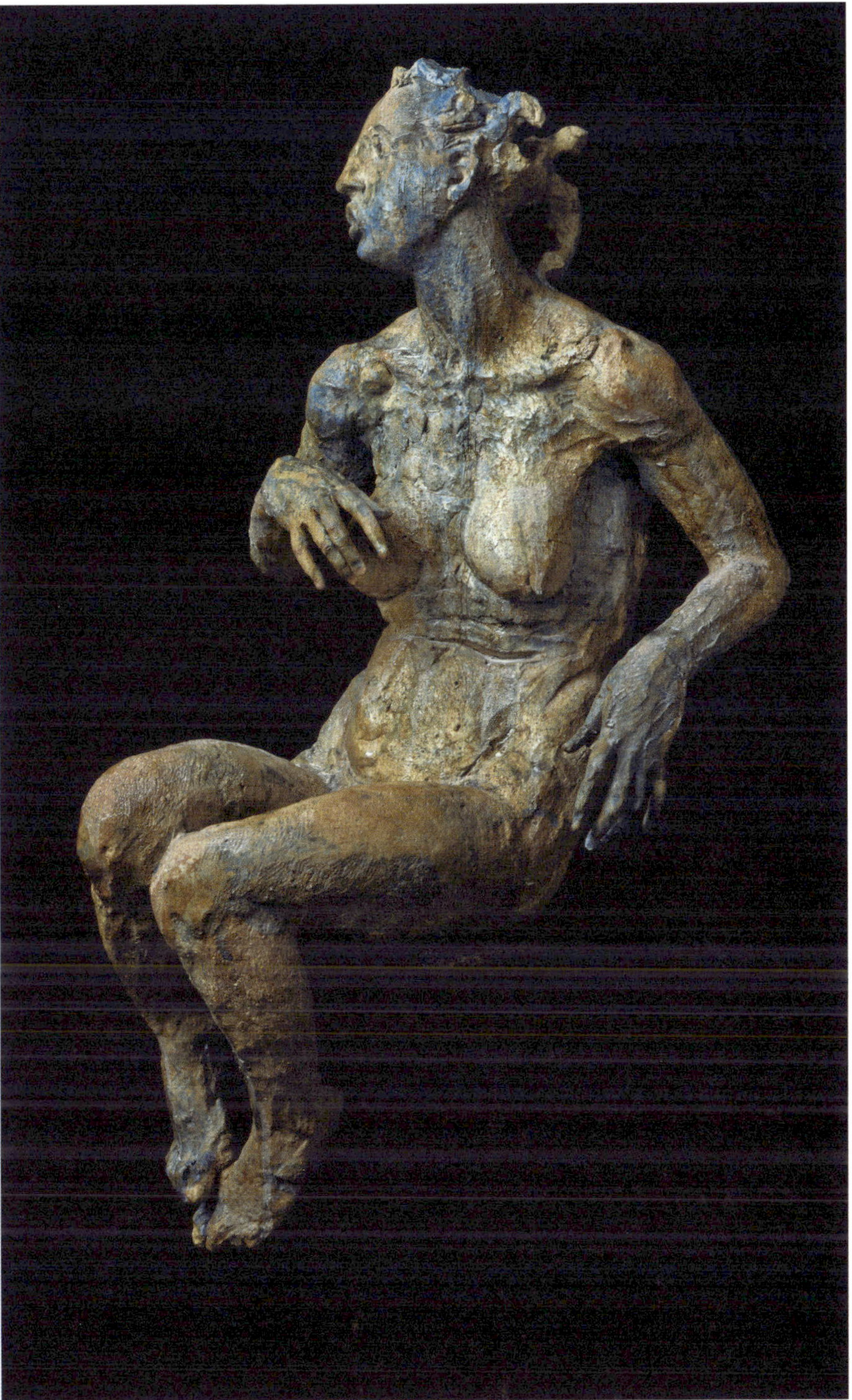

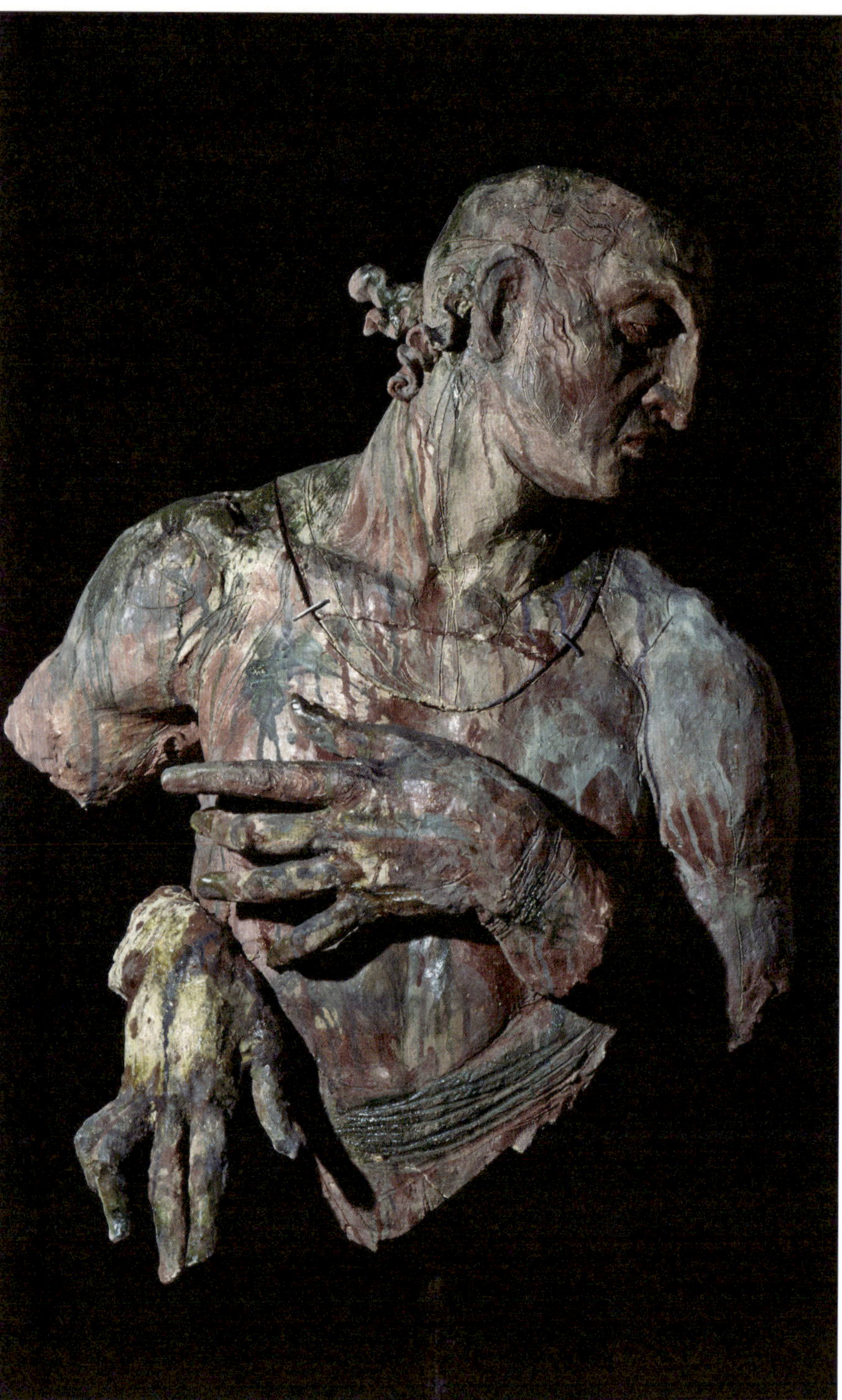

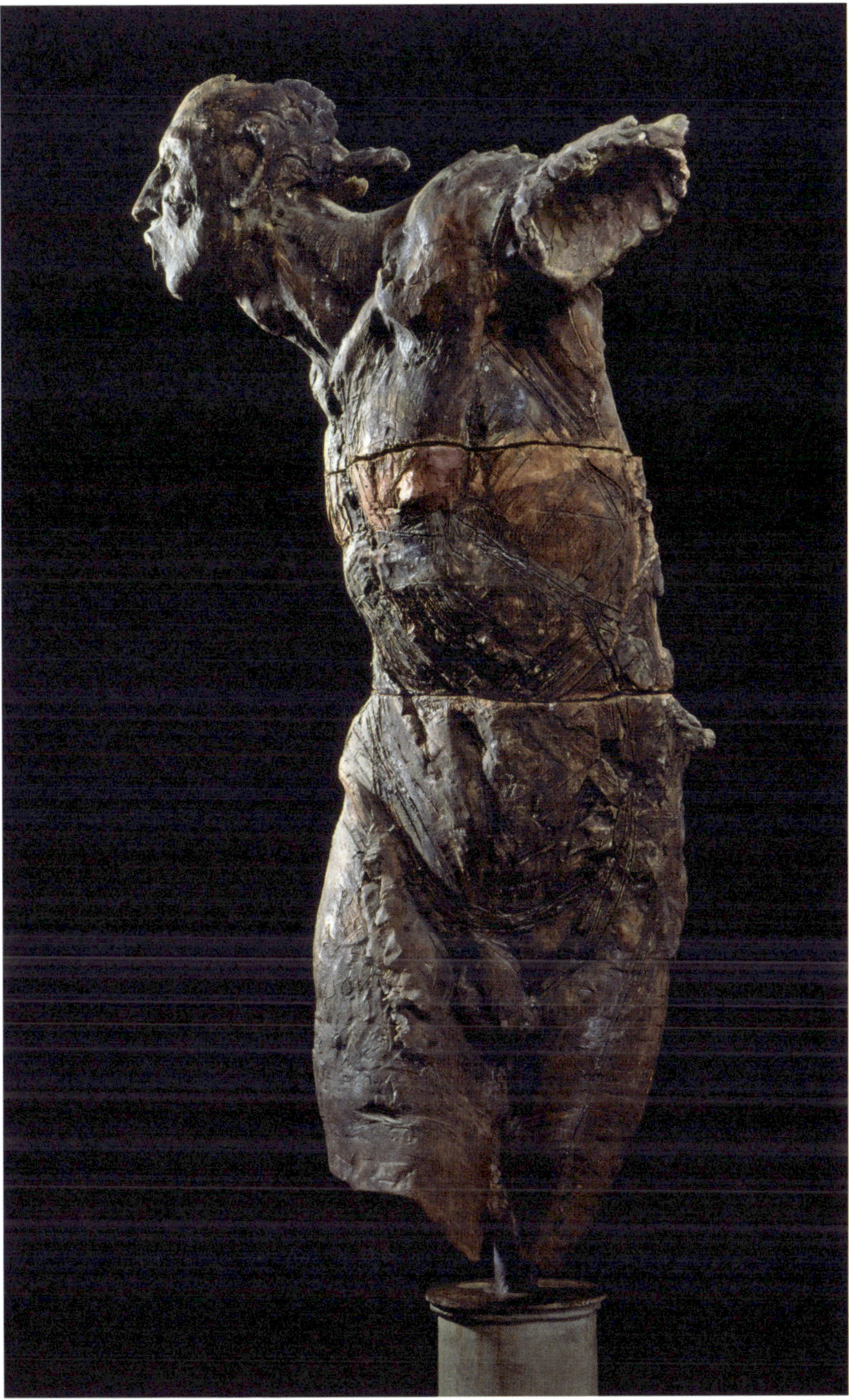

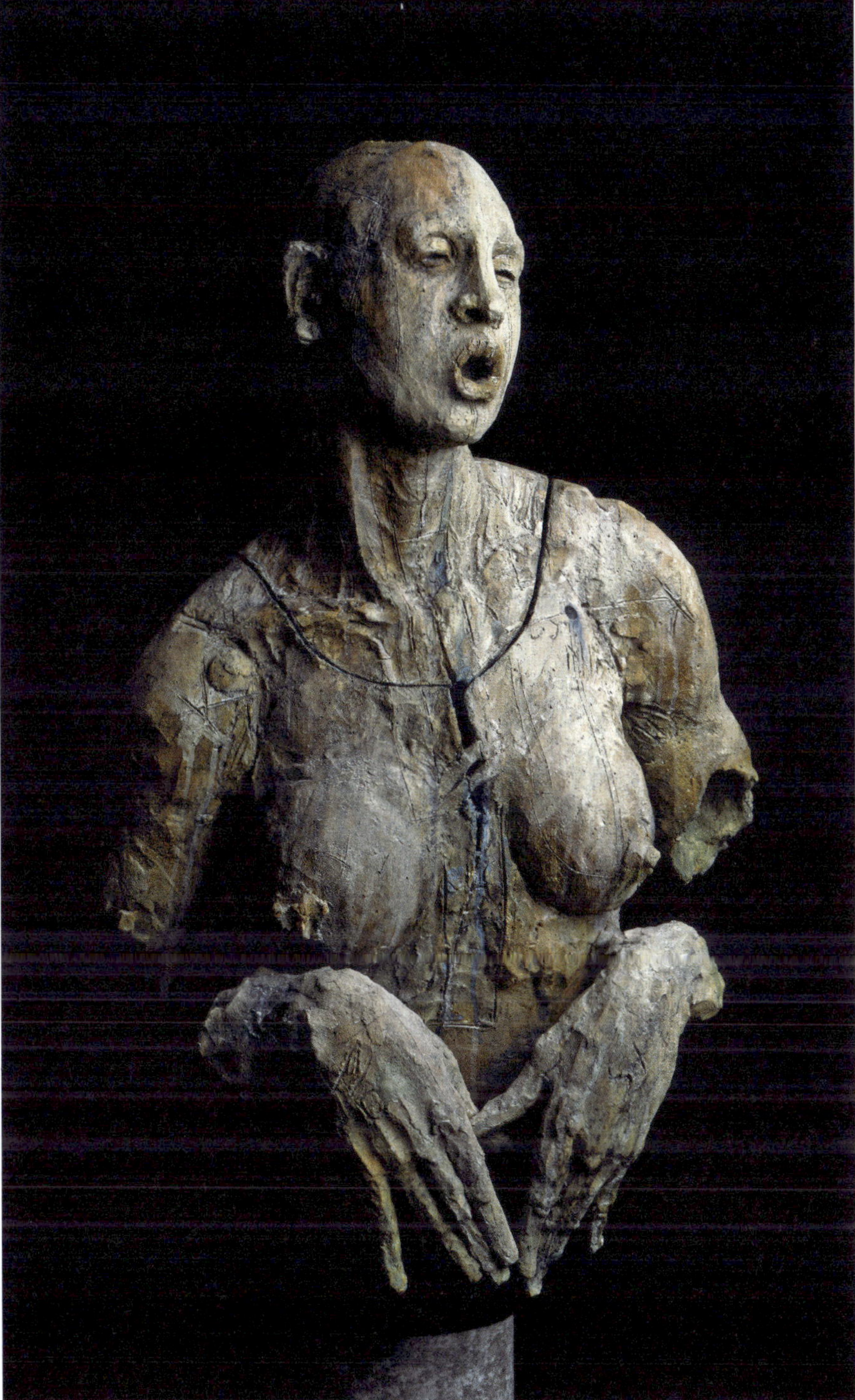

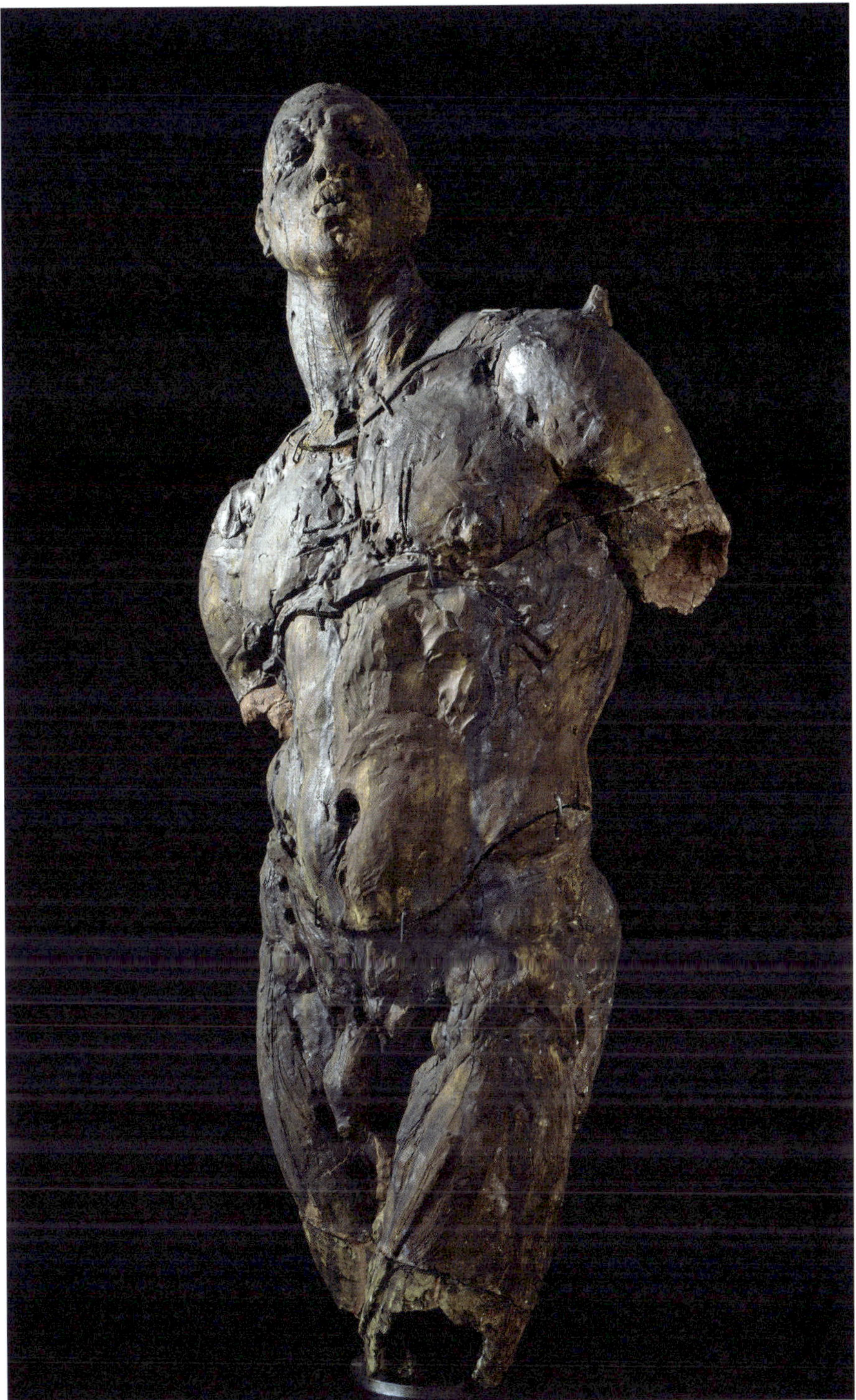

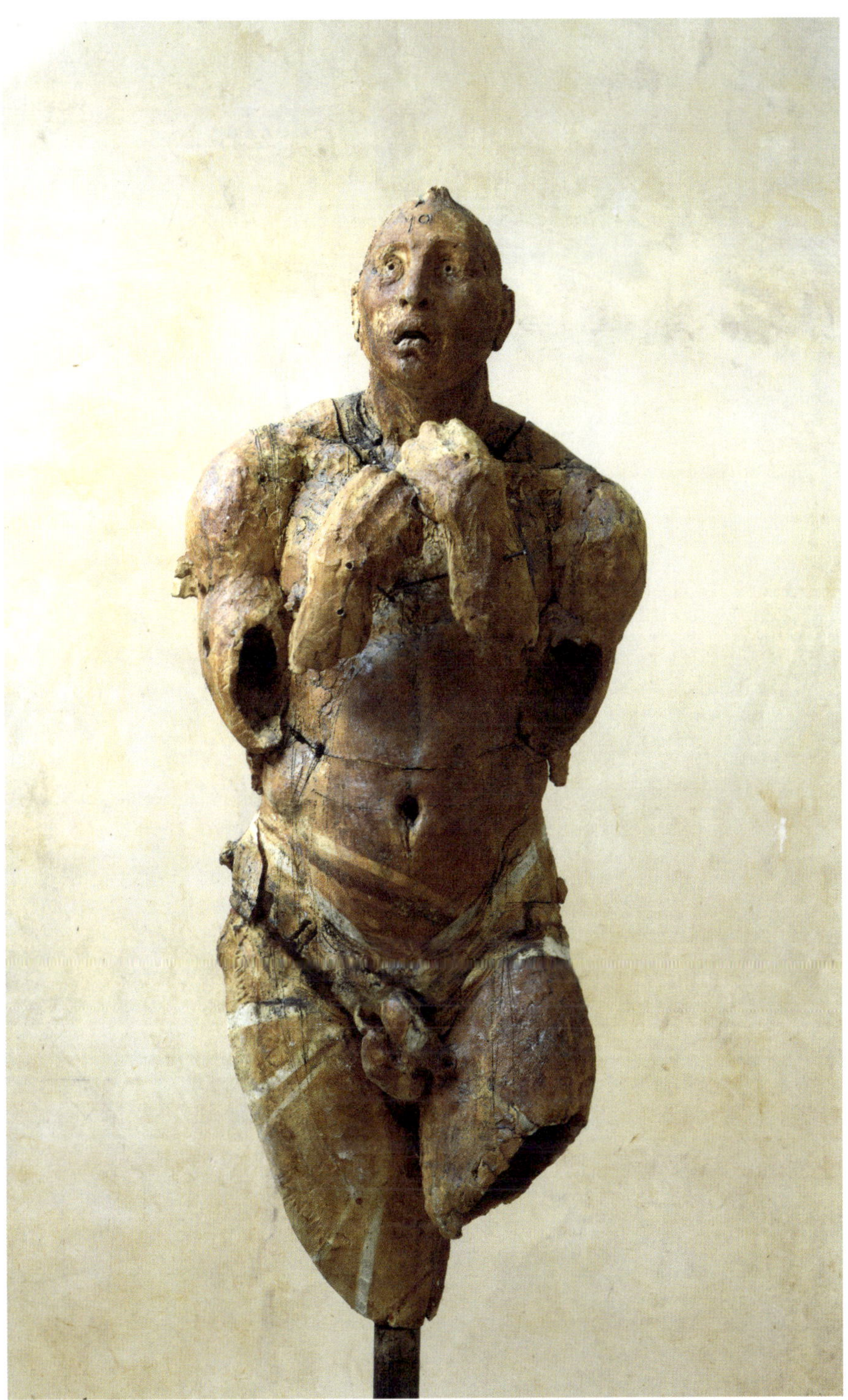

que el charol. Caminan en ese otro mundo; empujan a cambiar la vida (fig. 8-9).

El expresionismo es, en la obra, la endoscopia de sus fantasmas que el artista proyecta sobre la materia. Marín ha dicho que él dialoga con sus esculturas de barro o de bronce, les pregunta por qué y cómo han alcanzado *su* forma. ¿La de él o la de ellas?

La obra crea una distancia entre la representación hecha objeto (cuadro, escultura, sonata) y la cosa figurada por los sentidos. El arte es una intrusión del lenguaje en la percepción de lo visible. En otras palabras: una «desnaturalización» de la cosa. Zapatos que no caminan, pero que ponen en marcha la fantasía. Y a los distinguidos críticos.

En 1726 el obispo Butler decía: «Todo es lo que es y no otra cosa». La crítica conservadora en arte toma ese lema como un absoluto. «Hay que ver lo que es». Nosotros, impregnados por el arte, decimos: «En todo lo visible se muestra otra cosa, algo distinto de lo que es y se ve». Ese «algo más» es el componente expresionista. Revelar esa «otra cosa», a veces placentera, a veces horrenda, siempre inquietante, es la gracia del arte.

Un segundo inspirador de esa crítica conservadora –conservadora porque es partidaria de la naturalidad de la representación– dice: «En cuanto a la historia del arte, en el principio fue el ojo, no la palabra» (Otto Pächt, 1986).

Nosotros decimos: ¿Qué es y ha sido el ojo en la historia del arte sino un órgano habitado por la palabra que introduce la proporción y la perspectiva en sus innumerables formas históricas, orientales y occidentales, primitivas, clásicas y posmodernas?

Si por el ojo fuera, el halcón sería el mayor de los artistas.

Y también decimos: la misión del artista no es mostrar lo que hay, sino hacer visible lo que no hay (dejemos que Paul Klee nos instruya). Inventar y conquistar otros mundos para la experiencia humana. Percibir y mostrar lo que nadie vio.

El ingrediente expresionista es lo que puede, lo que debe aparecer –lo que uno busca– en una obra de arte; lo que la constituye como tal: la elección del tema, el encuadre, la composición poética, musical, plástica, fotográfica. La desfiguración y la distorsión impuestas a la percepción. La artificialidad. Ni el naturalismo ni la mistificación idealizante.

El expresionismo es el núcleo de la obra, el testigo de la acción del artista, de su peculiar manera de transmitir un mundo metafísico, más allá de lo visible. No mostrar cómo se ven las uvas, sino pintar el velo que las oculta a la mirada de los pájaros. El velo que hace soñar a los hombres. No las cosas que se muestran, sino las ocultas relaciones entre las cosas.

O la no relación: entre la mujer y el hombre; entre la visión y la mirada; entre el deseo y la fantasía; entre la palabra y la cosa; entre el sueño y la realidad; entre la tierra que da el barro y el cielo donde mora la luz. Cuando los ojos ven lo mismo, o casi lo mismo, la mirada del artista capta y plasma una diferencia.

Fieles a San Juan decimos: «En el principio era el Verbo...» y lo corregimos por vocación de infidelidad: «En el principio era el goce [...] inconcebible sin el verbo».

¿Quién ha visto a un animal fascinado por una puesta de sol o por el cuadro o la fotografía que la representa? Y no es porque los felinos tengan «ojos para no ver», según esa maldita y benemérita prerrogativa de los humanos. Gozar de lo que el ojo contempla, así en la tierra como en el cielo, así en la naturaleza como en el arte, es el privilegio del ser que habla.

La percepción humana, impregnada por el lenguaje, desnaturaliza, contranaturaliza.

¿Cómo no ver la relación entre los cuerpos mortificados de las esculturas de Javier Marín y las fotografías de los campos de concentración o las noticias cotidianas de nuestro México?

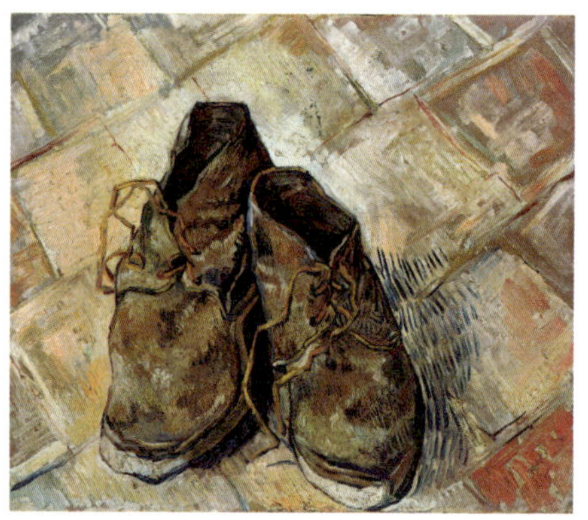

8
Vincent van Gogh
Zapatos (Shoes)
1888
Óleo sobre lienzo.
45,7 x 55,2 cm.
Museo Metropolitano de Arte, Nueva York.

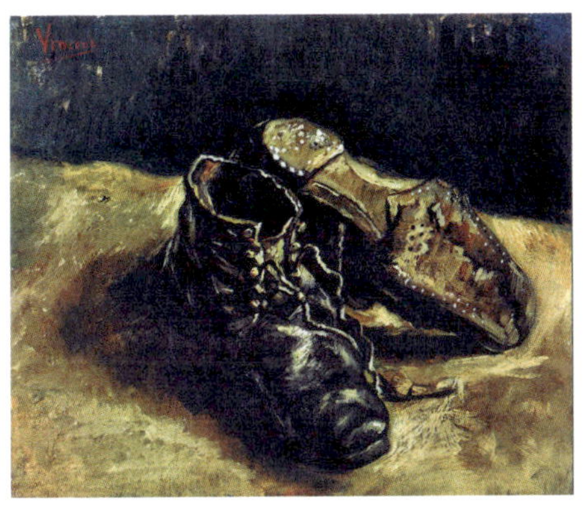

9
VINCENT VAN GOGH
Un par de zapatos (A pair of shoes)
1887
Óleo sobre lienzo.
37,5 x 41,5 cm.
Colección privada.

¿Cómo ocultar la historia, la trágica historia de nuestro último siglo (1914-2014), que encandila con su horror en *En blanco*, esa cascada aluvional de cuerpos de resina que Javier Marín instaló en una iglesia en Vilna, Lituania?

La palabra «cirujano» deriva del griego *keiros,* que fue traducida al latín como *manus*, mano. Marín es un cirujano y cumple como tal ese doble oficio manual; corta, separa, quita y luego sutura, recompone, cura y deja costuras en el sitio por el que intervino. Por ser artista y no médico se despreocupa de disimular las huellas de la operación. Tiene el singular cuidado de la desprolijidad. Cirugía, sí, pero no plástica.

Prosopon es el rostro. Se niega Marín a la prosopoplastia embellecedora que idealiza la figura y a la prosopagnosia adormecedora que ignora la singularidad del rostro haciéndolo vulgar, anónimo. Él opta por la prosopoclastia que disuelve las «buenas formas» (*schöne Gestalten*) y arroja cáusticos fluidos sobre su presunta compostura. Exhibe los muñones y las llagas.

Por eso los cuerpos de Marín no son figuras. Ellos hablan, cuentan lo que les pasó, lo que les hicieron. No son objetos, son testigos y son delatores.

Aflora así lo siniestro, lo monstruoso: la encarnación artística de la fotografía que espanta cada día en los periódicos, incluso a pesar de la contención que se recomienda a los medios y que a menudo llega a ser censura.

Impera una «prohibición de la representación», pero no en el sentido mosaico. En la perspectiva del poder, poner frenos a lo que se ve (a lo que se deja que el público vea) es «lo que debe ser». Ocultar la historia, la noticia, la amenaza, la masacre, el desastre.

Uno querría que las cascadas de cuerpos de las obras de Marín no fuesen ni un comentario del holocausto ni el fiel reflejo de las masacres cotidianas en nuestro país. Que no fuesen sino meras invenciones de una mente afiebrada.

¿Es eso lo que Javier Marín ha *querido* representar? No lo sabemos y hasta nos parece dudoso. Que el posible exceso interpretante vaya por cuenta del crítico, del espectador.

¿Un escultor expresionista?

No se pintan ni se esculpen los cuerpos, sino la insólita relación entre esos cuerpos y los nuestros. La apelación a cambiar de vida.

El espanto llama al expresionismo: somos los descuartizados testigos de la violencia. Las esculturas son traducciones de una realidad atroz que busca refugio en la belleza.

Revisando la historia del arte de la escultura uno puede sorprenderse. ¡Cuánto hay de expresionista –en ese sentido general del «componente subjetivo»– en las esculturas helenas –desde la cicládica en adelante–, pero qué pocos son los escultores, qué pocas las obras, que pueden adscribirse a un movimiento expresionista como el que nació a fines del siglo XIX!

¡Qué diferencia entre la escultura y la literatura, la pintura, la música y el cine donde los nombres y las obras expresionistas de esas décadas brotan en la memoria y acabamos inundados por torrentes de ejemplos y referencias!

Hay que insistir en aclarar lo que se entiende (o entendemos) por «expresionismo»: la epifanía de lo subjetivo en el arte, la superación del naturalismo objetivo y de la idealidad clásica. Ese

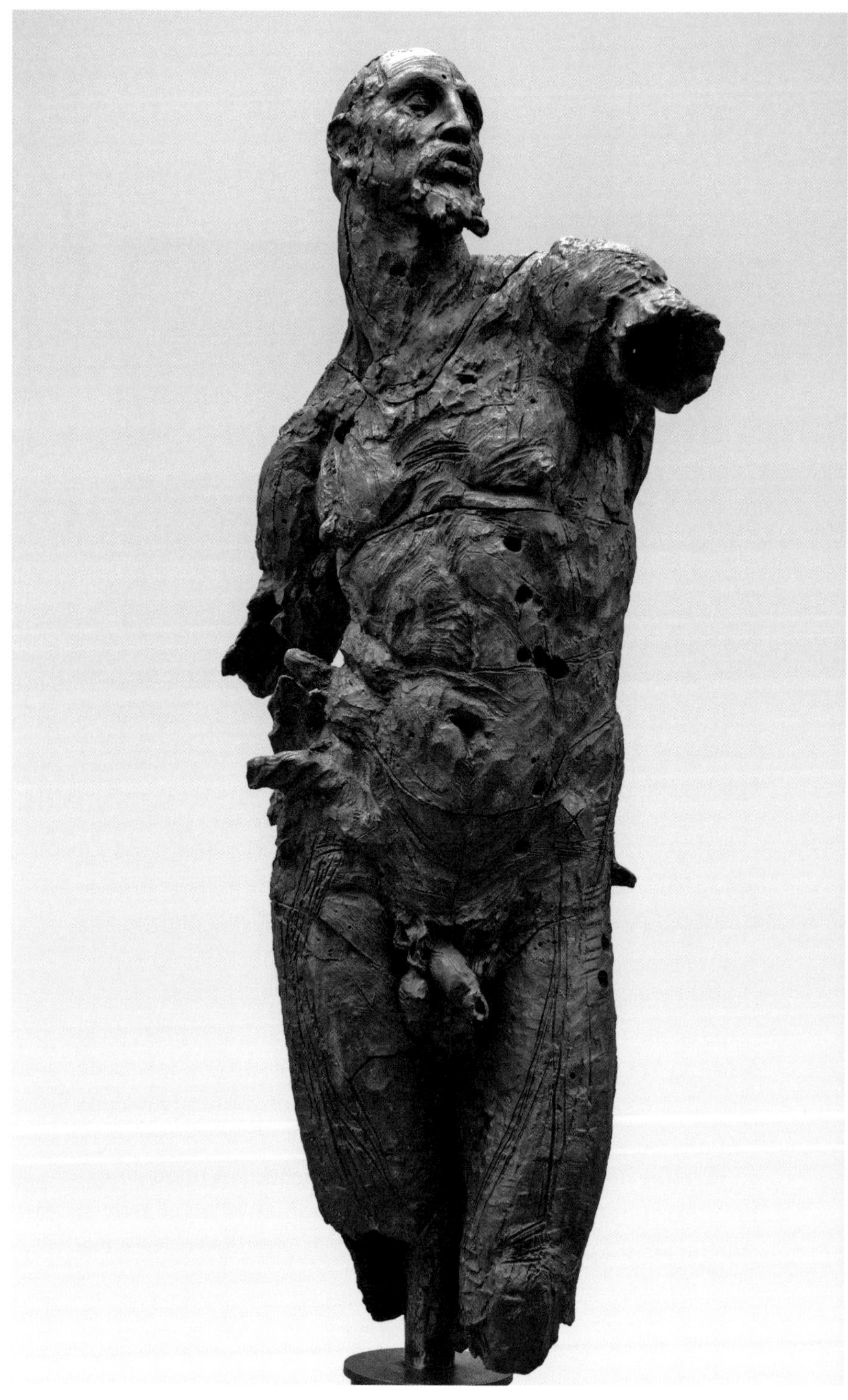

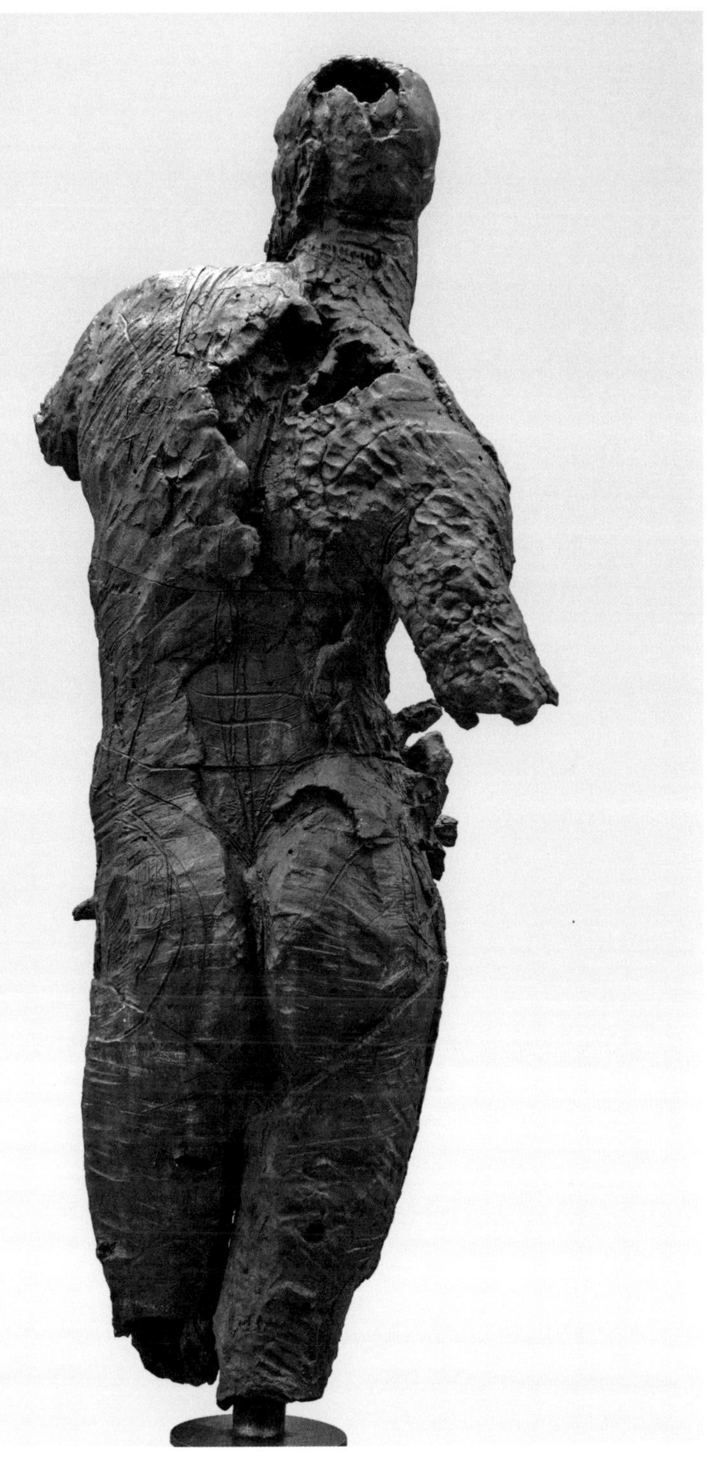

PÁG. 98-103

JAVIER MARÍN
Por ti, siempre por ti
1995
Bronce a la cera perdida.
160 x 66 x 48 cm.
Foto: Diego Simón Sánchez.

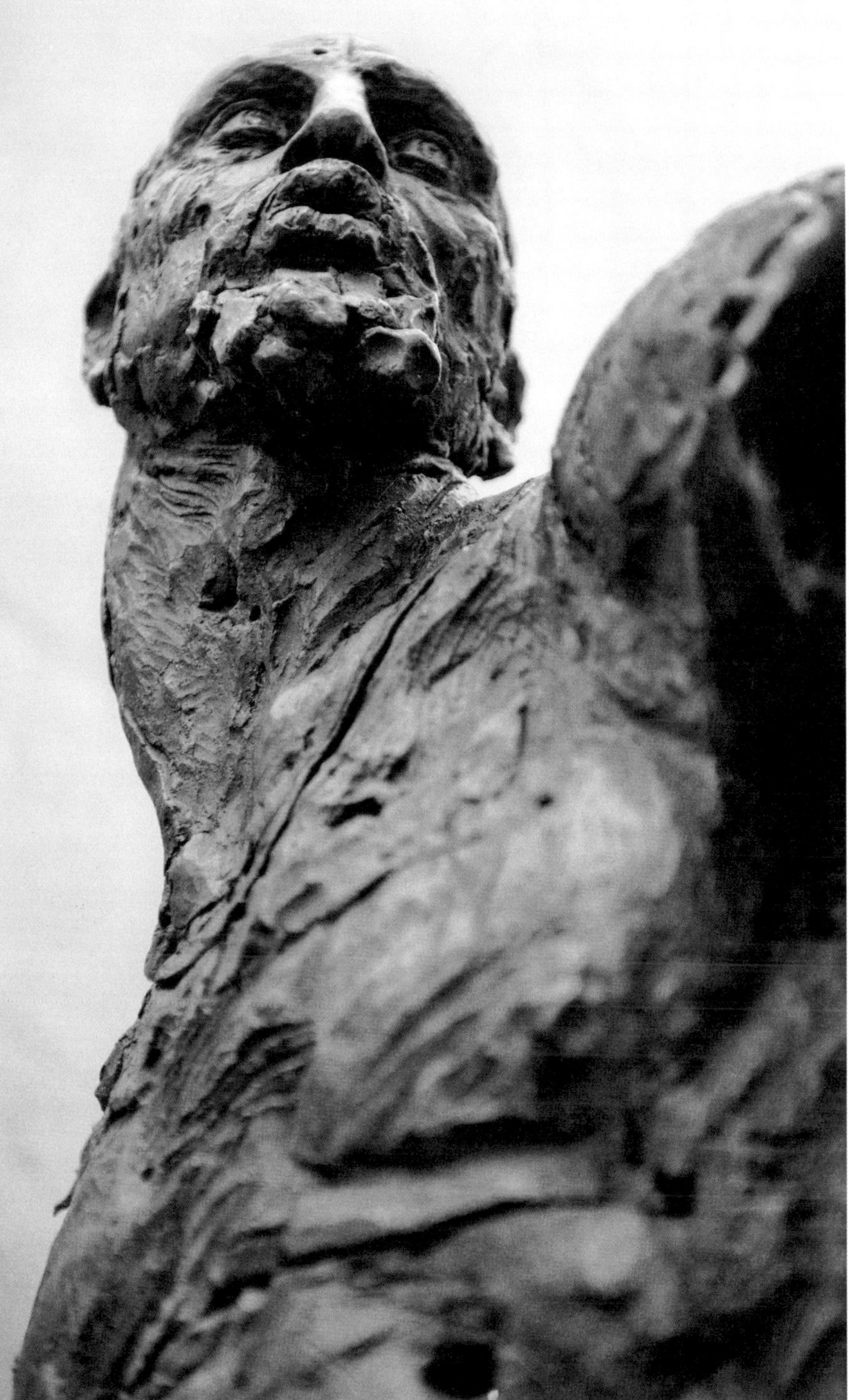

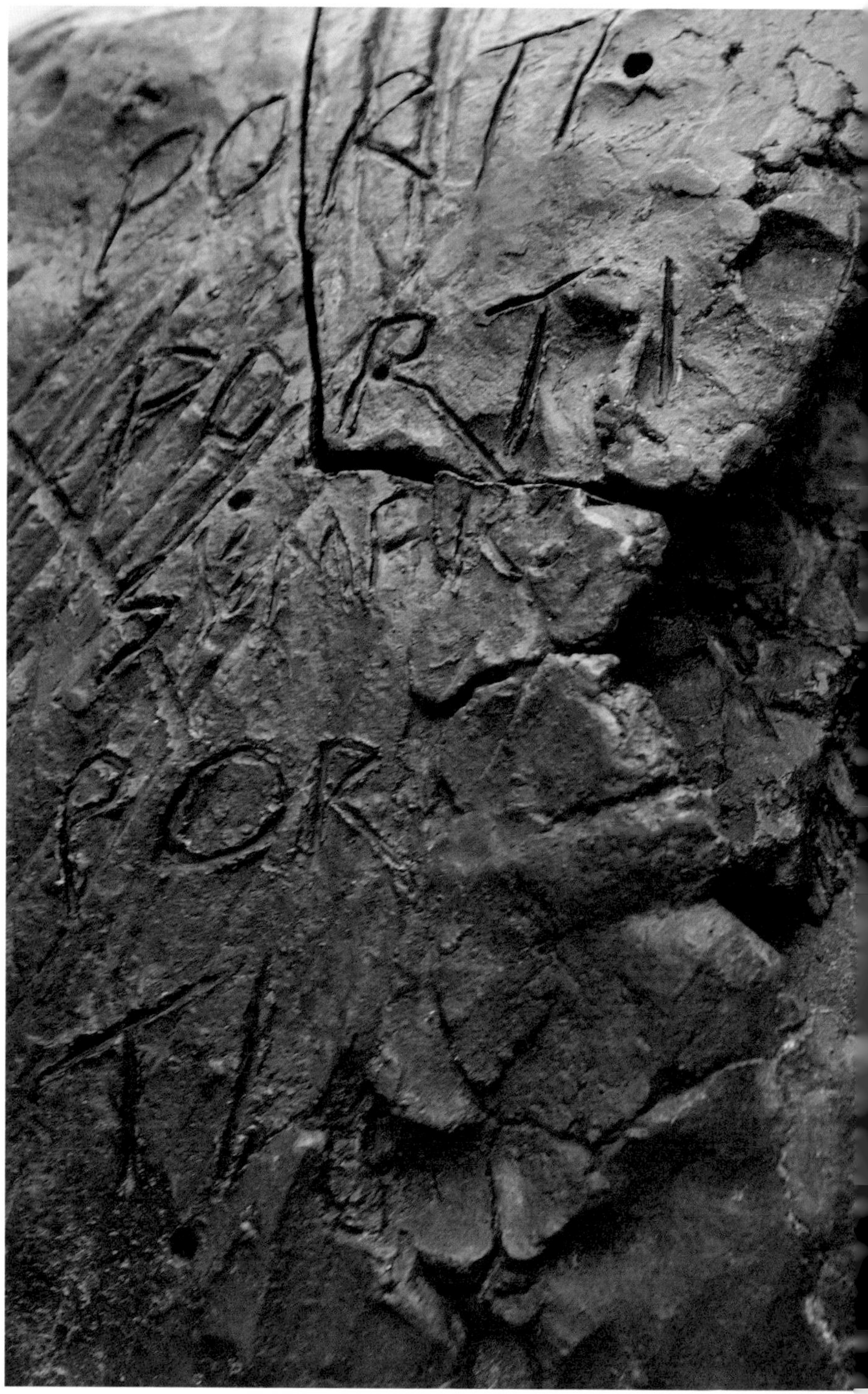

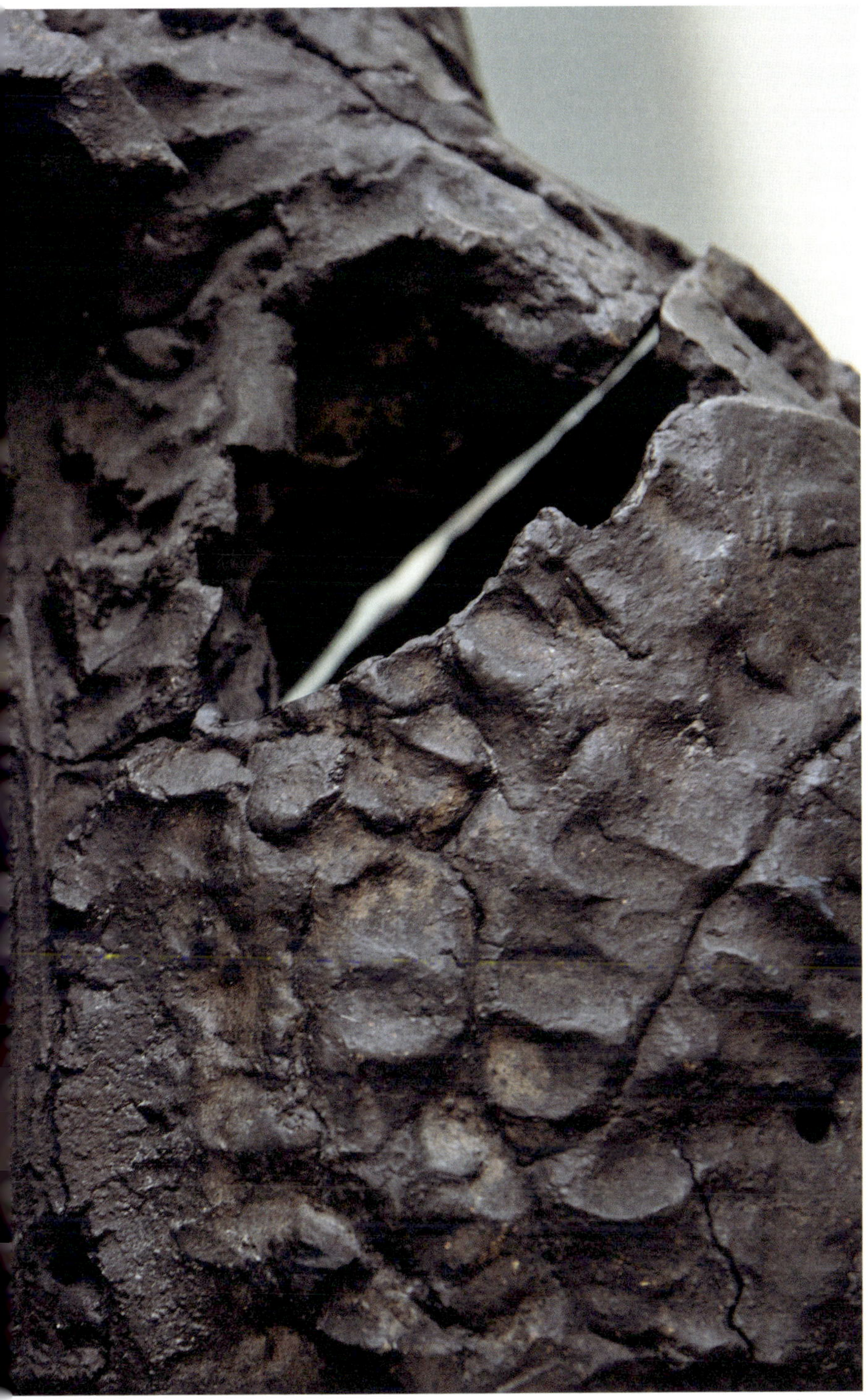

expresionismo que no es una novedad del siglo xx teutón, sino una constante cuya presencia se puede mostrar en todas las épocas y culturas, desde las pinturas rupestres hasta hoy… y seguro que mañana también.

Manifiesto, ciertamente, en la escultura renacentista como en la salida de las manos de Tilman Riemenschneider (fig. 10).

El expresionismo se revela en el impulso fantástico que ha llevado a la invención de todas las cosmogonías, sistemas religiosos y filosóficos, al cálculo de los fenómenos naturales, a la inscripción de las marcas del deseo en la tierra, a la voraz pasión por todo lo siniestro y antinatural que es la *expresión* más clara de ese carácter violentador de la naturaleza que es la naturaleza humana.

El expresionismo constata y exhibe la acción disolvente de la muerte en la vida, la subsistencia de la vida en lo muerto, advierte la continuidad moebiana de la «vidamuerte» e impugna esa cómoda oposición entre las dos manifestaciones, vida y muerte, que son continuas y contiguas.

El expresionismo fue desde un principio y sigue siendo hoy el incalculable matrimonio de la realidad y la imaginación en la demostración del mundo en que vivimos: esa variable mezcla de Paraíso, Purgatorio e Infierno que se llama historia y se redacta pegoteando memorias y documentos, rehaciéndose según las necesidades del momento.

Es la alianza antitética de dos fuerzas portentosas: Eros y Tánatos, con sus expresiones estéticas: erotismo y tanatismo. Apolíneo y dionisíaco. Siempre fusionados en proporciones variables: erotanatismo… distinguibles en cada manifestación artística.

Construcción y destrucción. Desconstrucción de los modos establecidos de ver y pensar.

Sin embargo, si por afán taxonómico y periodizador nos proponemos ser estrictos, admitiendo lo elástico de esa severidad, cabe limitar el expresionismo a una escuela del arte occidental que comienza, quizás, dicen, con las pinturas de Munch... o con una anciana esculpida por Rodin en 1887 (fig. 11). Y consideran como precursoras a ciertas esculturas de Miguel Ángel o pinturas de Grünewald (fig. 12), Chardin y Goya.

No es casual la coincidencia histórica y geográfica entre el movimiento expresionista y los orígenes del psicoanálisis y el descubrimiento del inconsciente y de la sexualidad infantil en los años heroicos de Freud, que van de 1893 a 1910. Constatamos la exploración de lo anímico por el doble movimiento de las artes y la ciencia.

Dentro de la relatividad de los juicios sobre la historia del arte y sus escuelas, y por esfuerzo de síntesis, hay que destacar como *específicos* del expresionismo el privilegio dado a la subjetividad, el rechazo del naturalismo y la ornamentación, la descarga pulsional no solo en la forma, sino también en el gesto de la acción del artista, la libertad para el ejercicio de la violencia en el color y en la descomposición material y formal de los objetos. Y el abandono de la tonalidad en la música. Y el verso libre junto con la libre asociación en la sesión de psicoanálisis.

El expresionismo es *análisis* hasta en los más ínfimos elementos, siembra la semilla de la desconfianza en cualquier realidad que se pretenda *una y única*. Demostración de lo otro escondido tras la máscara de las apariencias. Denuncia de lo siniestro (*unheimlich*), que se manifiesta en lo familiar.

Es misión del crítico deslindar el componente expresionista en todos los movimientos de las vanguardias estéticas del siglo xx. Sin excepción.

¿El expresionismo? La disonancia, la acentuación de los contrastes, la distorsión y el desafío a las convenciones, al pudor, al «buen gusto», a los sosegados hábitos de la burguesía.

No se equivocaron los capitostes nazifascistas cuando organizaron la exposición de «arte degenerado», donde todas las

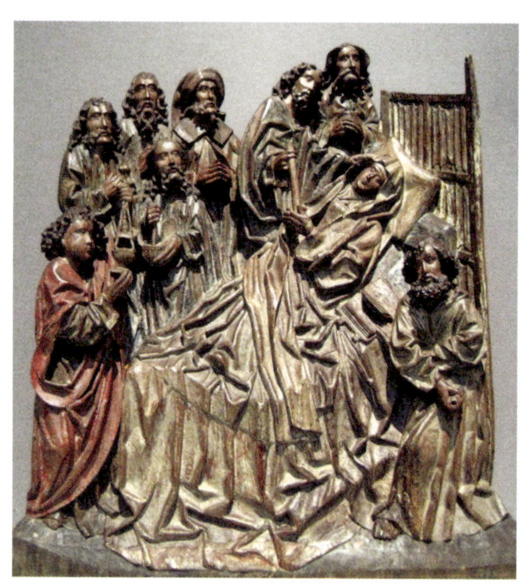

10

Taller de Tilman Riemenschneider
Tránsito de María
1480-1490
Madera
Colonia.

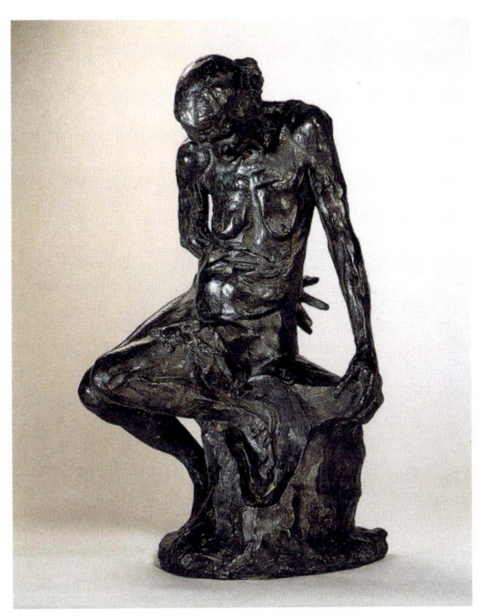

11
Auguste Rodin
Aquella que fue la bella yelmera
(Celle qui fut la belle Heaulmière)
1887
Bronce.
50 x 30 x 26 cm.
Museo Rodin, París.

formas del expresionismo fueron reunidas bajo una sola (des)calificación, bajo ese único lema, sustantivo y epíteto a la vez: la *degeneración*.

¿Arte no degenerado? Según ellos, el grecorromano. O, paradójicamente, el realismo socialista. La obediencia a consignas estéticas colectivas; la desconfianza y el desprecio por lo singular, lo anormal, lo anómico.

Si el arte podía justificarse como búsqueda de representaciones placenteras, surge con el expresionismo un movimiento de sentido contrario. No solo en los medios está presente la pro-vocación: es también la meta, el fin buscado por el artista. Aun cuando pretenda negarlo, especialmente si pretende negarlo.

En la obra de Javier Marín constatamos ese énfasis que destaca el gesto del artista en detrimento de la presunta naturalidad de la representación. El contenido no es independiente: está en la forma y en la composición. En las inestables composiciones desequilibradas que pueden terminar *De cabeza* o sostenidas por complicadas y muy visibles armazones de madera, alambre y hierro.

Un limón a medio pelar en una naturaleza muerta holandesa es tan expresionista como el rostro de un Cristo agonizante en la cruz. O como el derrame incontinente de pintura sobre un lienzo tirado en el suelo por Jackson Pollock en eso que, con plena fortuna, se llama «expresionismo abstracto».

Sin embargo, hay que destacar la «agenda oculta»: la presencia de la muerte como trasfondo en toda manifestación artística: la representación –al igual que la palabra– es la muerte de la cosa; una sustitución, un *ersatz* de lo viviente.

Al contemplar la obra de Marín nos colocamos junto a Paz (Octavio): «¿Una estética que renuncia a la reflexión, un arte acéfalo? Más bien una estética inclinada sobre los horrores y las maravillas de la sucesión, un arte fascinado por la renovada

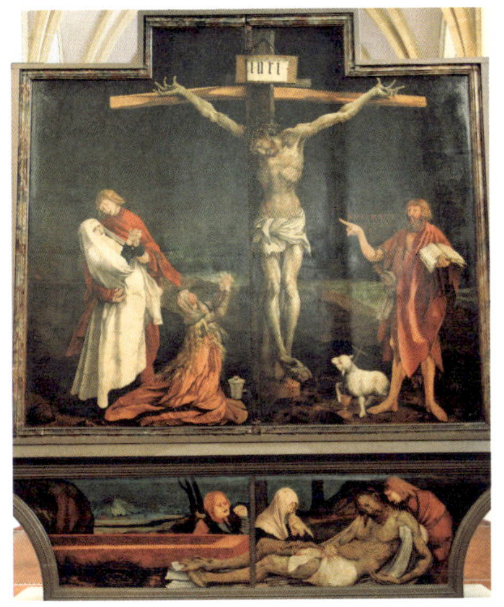

12
MATTHIAS GRÜNEWALD
La crucifixión,
tabla central del Retablo de Isenheimer
1506-1512
Pintura al temple y óleo sobre tabla.
269 x 307 cm.
Museo de Unterlinden, Colmar.

aparición del signo de la muerte en toda forma viviente». Ya le dimos un nombre: erotanatismo.

¿Y antes de Javier Marín, cuál era la escultura expresionista?

Poco o casi nada en barro. Sin que olvidemos los antecedentes polinesios y africanos «descubiertos» por Occidente a partir del xix y ciertas terracotas renacentistas como la Magdalena de Niccolò dell'Arca o la del leño de Donatello (fig. 13-14).

Escasos son los antecedentes del expresionismo en escultura, empezando por algo de Rodin (su *Balzac*, sí, y *Los burgueses de Calais*, también *Las puertas del infierno*; puede que no mucho más). En esas puertas dantescas encontramos a la vez, y no solo por el título, la presencia que todas las artes manifiestan y niegan: la de la muerte.

En efecto, leemos en *Las puertas del infierno* una expresión (una frase a modo de título) que es al mismo tiempo primera y cimera: «*Celle qui fût la Belle Heaulmière*», «La que fue... la que fue bella... la que fue la bella mujer... la que fue la bella mujer del hacedor de yelmos». Las bellas de hoy sabrán leer, tallado en bronce, lo que ya saben, la anticipación del futuro: el de ellas y el de todas las bellas.

¿Quién es «la bella yelmera»? Se trata de una creación poética del siglo xv, una oda de inquietante belleza salida del genio de François Villon, tomada como modelo más de 400 años después por Rodin que sigue, plásticamente, «al pie de la letra», las palabras del poeta (fig. 11).

Rodin el primero, aunque, como ya hemos visto, no sin antecedentes. Luego sobrevino la explosión del expresionismo: varios escultores alemanes, más por coincidencia cronológica con los pintores que por su obra misma: Barlach, Lehnbruck, Kollwitz (demasiado estilizados, para mi gusto, como para llamarse «expresionistas»), algo de Heckel y unas cuantas maderas «primitivas» de Kirchner.

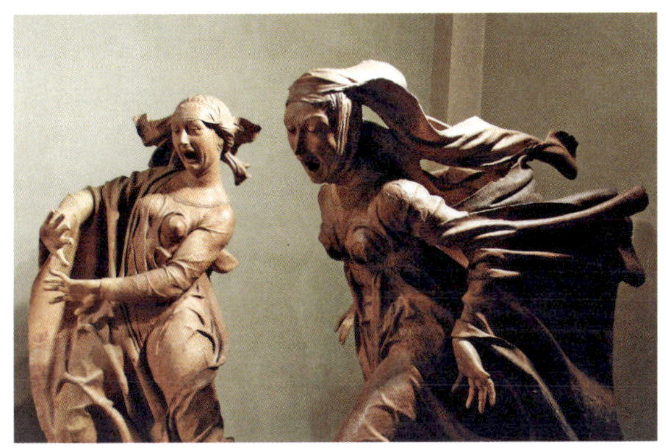

13
Niccolo dell'Arca
Lamento sobre el Cristo muerto
(Compianto sul Cristo morto)
1463-1490
Terracota.
Iglesia de Santa María del la Vida, Bolonia.

Picasso (¡cómo no!) y Brancusi, alguna que otra vez. Marino Marini (fig. 16-17), con sus infinitos caballos de fuerza, y también las menguadas carnes de Giacometti (fig. 18).

Marín, como sus antepasados de todos los tiempos y latitudes, no transmite la apariencia de las cosas, sino que decanta lo que ve y lo «desnaturaliza» imponiendo a las imágenes el trabajo de su fantasía. Abre los ojos para ver, pero de sobra sabe que la vista no «hace» arte.

Después de haber visto, Javier Marín cierra los párpados y se pregunta por la mirada que no es la del ojo, antes de transformar lo visto en obra personal, inconfundible, marcada por su sello.

La obra no sale ni de sus ojos ni de sus manos, sino de su subjetividad, de los abismos de su memoria, de sus impulsos innovadores, de su inconfundible singularidad. El producto es un embajador, pero viene más del *ello* que de ese *yo* que lo observa con perplejidad y le pregunta: «¿De dónde vienes?».

En ese sentido, él no es *un* escultor expresionista sino *el* escultor neoexpresionista. Quien ha absorbido la historia y las escuelas, el pasado y el presente, el naturalismo, el manierismo y el barroco, la figuración y la abstracción, Fidias, Bernini (figs. 19-20) y su reconocido precursor, Pontormo. E incluso las románticas y helénicas gracias de Canova.

La escultura naturalista, heroica o idealizante de la humanidad, aunque tenga la nariz rota (fig. 21), es estable y apaciguadora, dueña de la fría calma de los espejos. Las esculturas de Marín prefieren no decir: ellas gritan, aúllan, rompen los tímpanos, exhiben la tragedia del cuerpo fragmentado, esa épica de la que el *Ulises* de Joyce es el poema.

No son imágenes de un *yo* ideal ni proponen un ideal al *yo*. Desintegran el yo exhibiendo la deformación provocada por los mandatos de un superyó destructivo que ordena «gozar» más allá de cualquier barrera, más allá del dolor, del placer, de

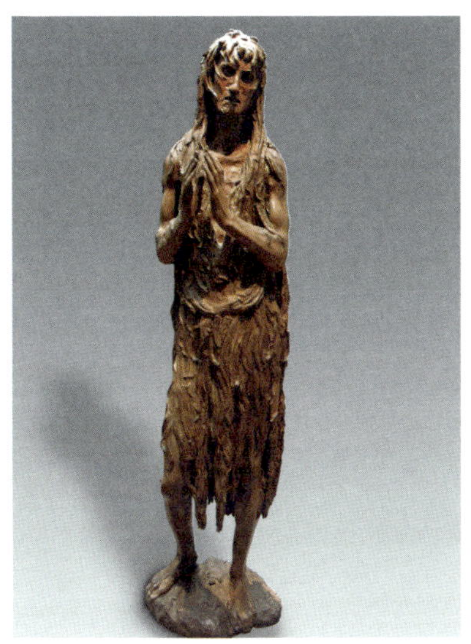

14
Donatello
María Magdalena penitente
CA. 1453-1455
Madera policromada.
188 cm.
Museo de la Ópera del Duomo, Florencia.

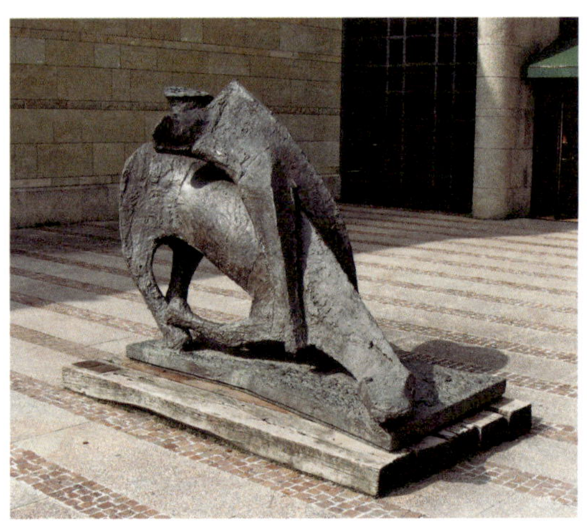

16
Marino Marini
Milagro (Miracolo)
1959-1960
Bronce.
Museo Neue Pinakothek, Munich.

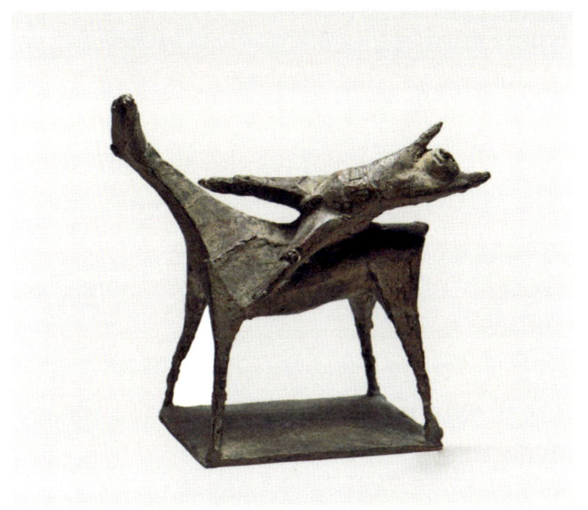

17
MARINO MARINI
Pequeño caballero (Piccolo cavaliere)
1950
Bronce.
39 x 43 x 23,3 cm.
Museo Marino Marini, Florencia.

la belleza, del pudor, del asco, de la piedad. Más allá de la vida misma.

Vacían, a manos llenas, el goce del ser que vive y habla.

La condición humana es la subsistencia en la historia de seres desgarrados por la desarmonía entre la naturaleza y el lenguaje. El escenario de la contienda, el proscenio por excelencia, el campo desolado donde quedan los detritos de la lucha, es el cuerpo cicatricial de las mujeres y de los hombres.

¿Quién mejor que el escultor expresionista podría mostrar el paisaje después de la batalla? ¿Cómo esculpir, no la expresión del dolor, no, cómo esculpir el dolor mismo?

«Se secará la hierba, se marchitarán los retoños, todo verdor perecerá» (Isaías 15, 6). No se pudrirán, sin embargo, las manzanas de las naturalezas muertas.

Solo envejecerá el cuerpo si ha sido pintado como retrato de Dorian Grey. ¿Cómo mantener la lozanía de la imagen? Tal fue la ambición de los descendientes de Tutankamón y de Lenin que ordenaron embalsamar los cadáveres. No es el caso de la bella yelmera ni de los cuerpos perforados por Javier Marín.

El destino de los cuerpos es el cementerio, cuando no el polvo de las cenizas esparcidas. El de las obras de arte es la conservación perdurable en la prometida posteridad de la hibernación en museos y colecciones.

Parece imposible que se cumpla la muy prometida resurrección de los cuerpos. En su lugar, sí se practica la restauración museística de los estragos del tiempo en las obras. *Ars longa; vita brevis.*

El cuerpo de las divinas proporciones leonardescas se va amueblando con implantes y prótesis. De Adán al *cyborg*, de la maravillosa imagen de Narciso a la putrefacción en el fondo del estanque, de Apolo a esos grotescos remedos de la humanidad que terminan por ser los adictos y las adictas a la cirugía plástica.

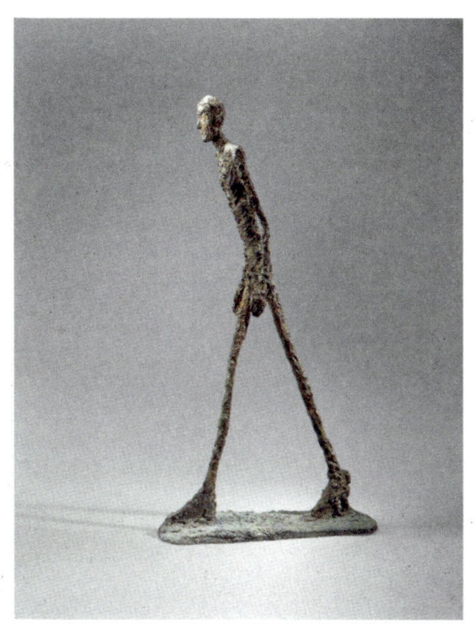

Alberto Giacometti
El hombre que anda (Man Striding I)
1960
Bronce.
183 cm.
Fundación Maeght, Saint-Paul de Vence.

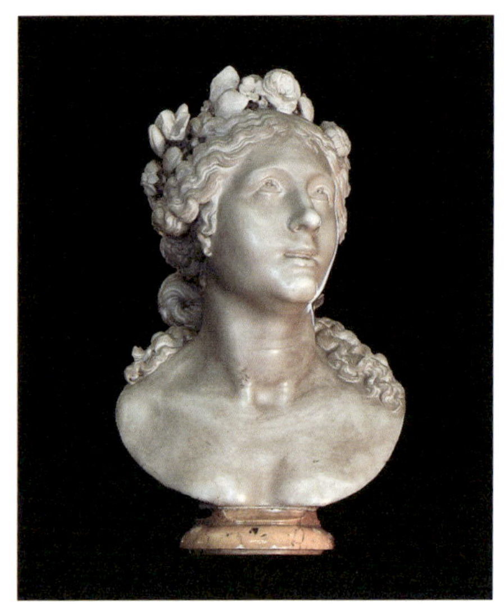

19
Gian Lorenzo Bernini
Anima Beata
1619
Mármol.
57 x 30 x 30 cm.
Museo del Prado.

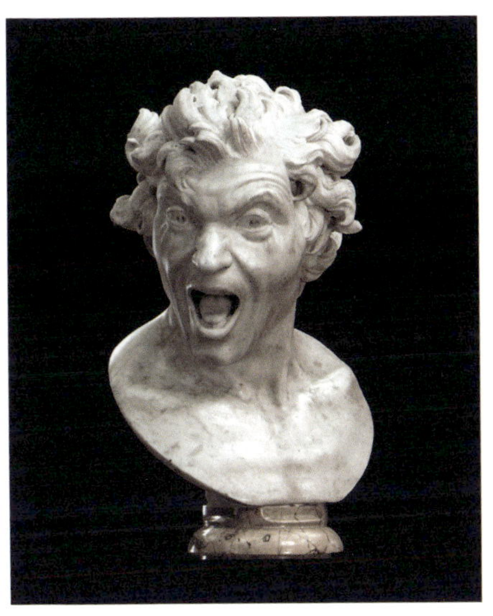

20

GIAN LORENZO BERNINI
Anima dannata
1619
Mármol.
54 x 25 x 31 cm.
Museo del Prado.

La técnica, la medicina, los injertos electrónicos, los fármacos, las toxicomanías, las siempre actuales masacres, los refinamientos de la tortura «científica»… van creando un nuevo paisaje humano, un nuevo escenario para la vida y la muerte. Dantesco, por cierto.

Muchos artistas hacen del propio cuerpo el teatro de estas metamorfosis kafkianas. Se mutilan y se escarifican. No es el camino elegido por Javier Marín. Otra es su labor de desconstrucción. Es el mármol que no cicatriza el que cuenta la historia de las mataduras.

La historia que cuentan sus cuerpos troceados tiene el antecedente mitológico ya mencionado: es la historia de Osiris, de sus catorce pedazos desmembrados por la envidia de Seth y desparramados a lo largo y lo ancho del territorio de Egipto. El trabajo de Marín evoca al de Isis, hermana y esposa de Osiris: recuperar las partes dispersas, juntarlas (¿con alambres?) y reconstruir el cuerpo.

Sin embargo, algo le falta al Osiris reparado; es el falo, el único fragmento que no se pudo encontrar. Isis se vuelve escultora y forja en noble metal el órgano ausente, recomponiendo la integridad del dios mediante una obra de arte que afirma la resurrección. Osiris, así restaurado, llega a ser el emblema de la negación de la muerte.

Marín no utiliza modelos. ¿Cómo podría, si el modelo, para que pueda serlo, debe comenzar por ser despedazado porque el modelo no es otro que el yo mismo después de atravesar el espejo?

La imagen especular se presta a una transformación de las proporciones. A la construcción de grotescos gigantes y hombrecitos como los de Ron Mueck. La deformación es elocuente, revela la verdad de la forma.

Oímos ese diálogo con la escultura a la que se le pide la respuesta imposible: «Dime quien soy». «No eres, vas siendo, a medida que me haces… pero nunca acabarás de hacerme». La identidad fluctuante que se desprende de la imagen corporal

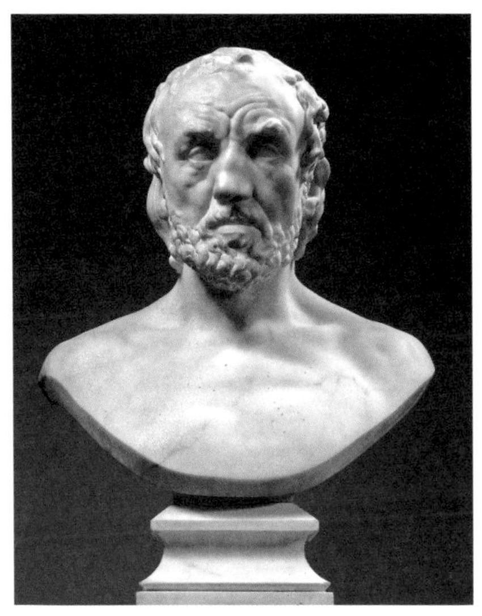

Auguste Rodin
El hombre de la nariz rota
1864
Mármol.
44,8 x 41,5 x 23,9 cm.
Museo Rodin, París.

gracias al artificio del espejo es sometida por la actividad del escultor a una recreación. Invita al espectador a modelarse.

Nadie se ve a sí mismo debido a la interposición de ese fantasma que en inglés se llama *self*. Uno. El *self*. Siempre otro. Porque depende de la mirada y de los valores del otro. Soy lo que el otro ve en mí. Soy la estatua descompuesta que el otro mira. Por eso ella es «expresionista».

Primero: la mirada de la madre, ese primer espejo animado por un deseo que es un enigma para el niño. «Ella ve en mí lo que quiere ver. Pero ¿cómo podría yo saber cuál es su deseo, qué es eso que quiere ver?»

Luego por los cambios invisibles y constantes que acompañan al avance de la edad: quienes nos miran nos disuelven y nos recomponen de manera que no podemos prever ni calcular. La forma del cuerpo se disuelve y recompone. Y así también la forma de esos otros, de esos *demás*, ante nuestra mirada.

Hay un goce recóndito del que solo recogemos indicios, el goce (con frecuencia maléfico) del *otro* cuando nos mira.

Los cuerpos deambulan a la búsqueda del sentido y desesperan de encontrarlo. Interrogan a las fotografías y a las estatuas de las plazas y los museos. Buscan semblanzas. ¿Qué imagen podrá decirme qué y cómo soy más allá de qué y cómo me ven?

Marín no transmite la apariencia de las cosas, sino que decanta lo que ve y lo «radicaliza» imponiendo a las imágenes el trabajo desestabilizador de su fantasía.

Desnuda los cuerpos muchas veces, imponiéndoles la violencia de los más impensables atuendos y tocados. Deformando labios, pómulos y cabelleras; rasgando la piel con cortes inclementes; quitando carnes; cortando pies y manos y cabezas que acaban en los platos de embriagadas Salomés.

Cabe insistir: al contrario de todo lo que se ha dicho, Javier Marín no esculpe cuerpos sino fantasmas. En otras palabras:

inventa cuerpos. *Selves. Myself. Your self. Ready-mades.* No para el gusto de *oneself.*

¿Para acabar en qué? En la destrucción de las imágenes… pero no al precio de la abstracción –rebelde a la figuración–, sino de la preservación de los fantasmas, de los *revenants*, en su avanzado estado de descomposición.

No se puede dejar de pensar: es como si, al fijarla en barro y piedra, Marín describiese la pesadilla y el malestar en la cultura mexicana de comienzos del siglo xxi: decenas de millares de decapitaciones, destazamientos, mutilaciones, ligaduras con alambres, colgamientos, fosas colectivas, picas con manos y cabezas brotando cual maleza en cualquier parte de la geografía nacional.

Como en la época de los sacrificios humanos. Como cuando llegaron los conquistadores. Como cuando se reprimió a los insurgentes. Como en el Cerro de las Campanas. Como en la época porfiriana. Como en las masacres sangrientas de la revolución. Como en Ciudad Juárez. Como hoy.

The night of the living dead.

Pedazos de cuerpos que no se sabe a quién pertenecen, sin nombres ni identidad. Disueltos. El *homo sacer* tal como lo define Giorgio Agamben: el que puede ser asesinado sin que su muerte constituya un delito. Anonimato de la muerte multitudinaria, de las multitudes exiliadas de la historia y de los linajes humanos. Apátridas. Derelictos. Supuestos miembros o víctimas del crimen organizado.

Cuerpos sin nombre: excluidos de los hogares (*homeless*), de las pasiones, incluso del odio. Muertos por el goce de matarlos y descuartizarlos, de exponerlos sin vergüenza como manifestaciones del poder del asesino que sabe de la impunidad de sus acciones.

Proyección de lo desmembrado, de lo disjunto, de los trozos de la imagen especular. Solo se puede dar cuenta de lo real cuando se atraviesa la barrera de lo imaginario. Cuando se baja del barro espiritualizado del primer Adán al barro que sale de sus intestinos y que es también una manifestación de su ser en el mundo.

Sujetos que se lastiman y se destruyen a sí mismos y que por eso no cabría llamarlos víctimas, afirma Marín.

El artista expone la disyunción del sujeto, su insalvable tachadura. Al autorretratarse dibuja el rostro más verdadero de ese espectador que se desconoce cuando se mira en el espejo.

La relación entre el arte y la historia es tan obvia como discutible y difícil de formalizar. El arte, el expresionista en particular, insiste en mostrar lo que la historia no alcanza a ordenar como relato.

En ese aspecto, la obra de arte se instala más allá de la subjetividad del artista, en el espacio inconmensurable que hay entre el producto y la recepción. Puede que el artista no tenga intención alguna de denunciar; puede que el crítico se extralimite al entender como metáforas ciertas manifestaciones que son nada más y nada menos que la búsqueda de un resultado estético. Puede que uno y otro tengan que ser, a su vez, interpretados.

El inconsciente no descansa en su tarea de ligar la obra con el artista y con el espectador.

«Expresionismo», ese término desesperante que dice demasiado y por eso dice muy poco. Siempre el artista, al expresarse, *expresa* (no digo refleja) su época y la cultura en la que está inmerso. ¿Cómo podría, literalmente, no ser expresionista?

¿Se debe aplicar ese apelativo, esa distinción, a Javier Marín, el inventor y el destructor de imágenes corporales? Me atrevo a decir que sí.

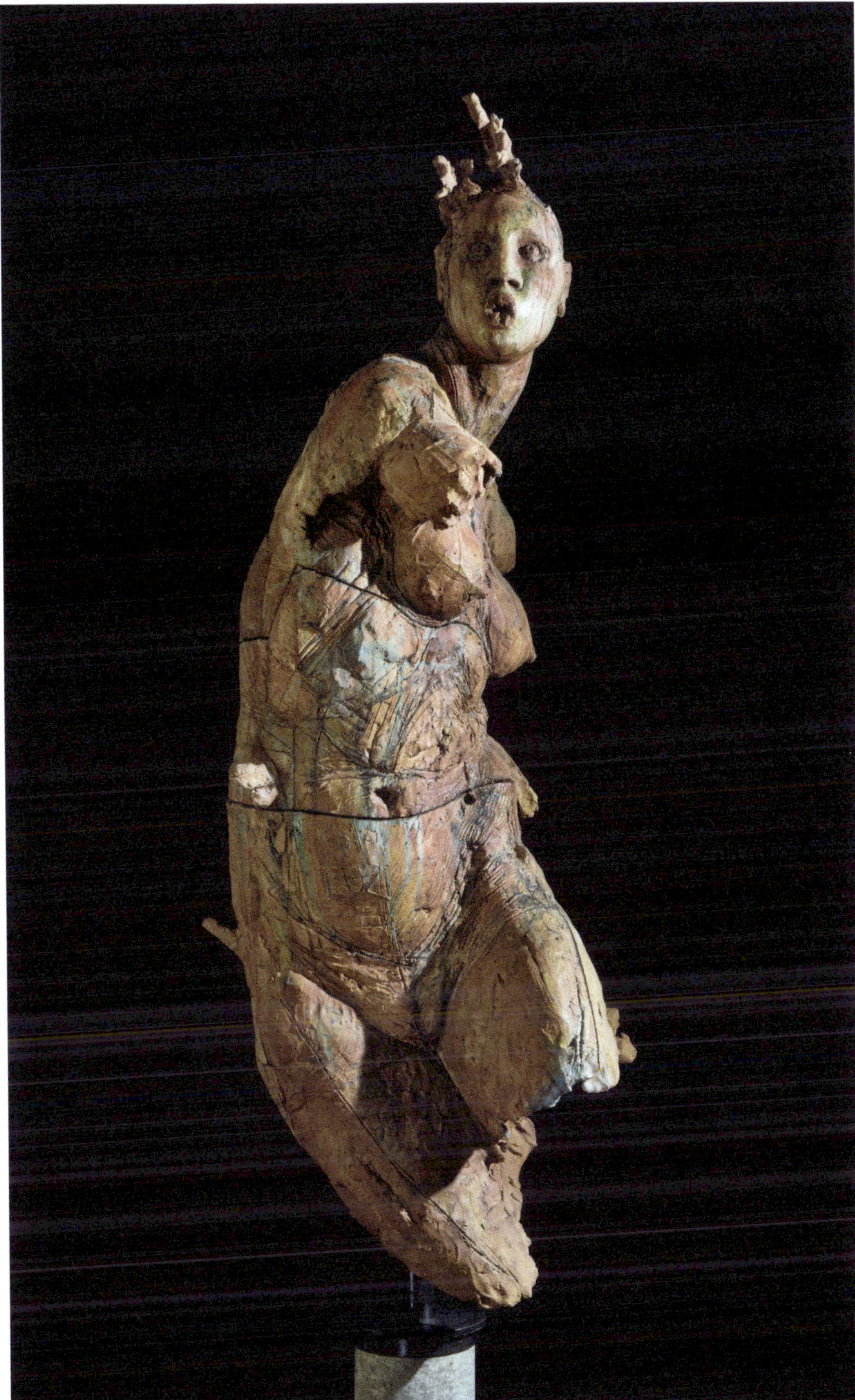

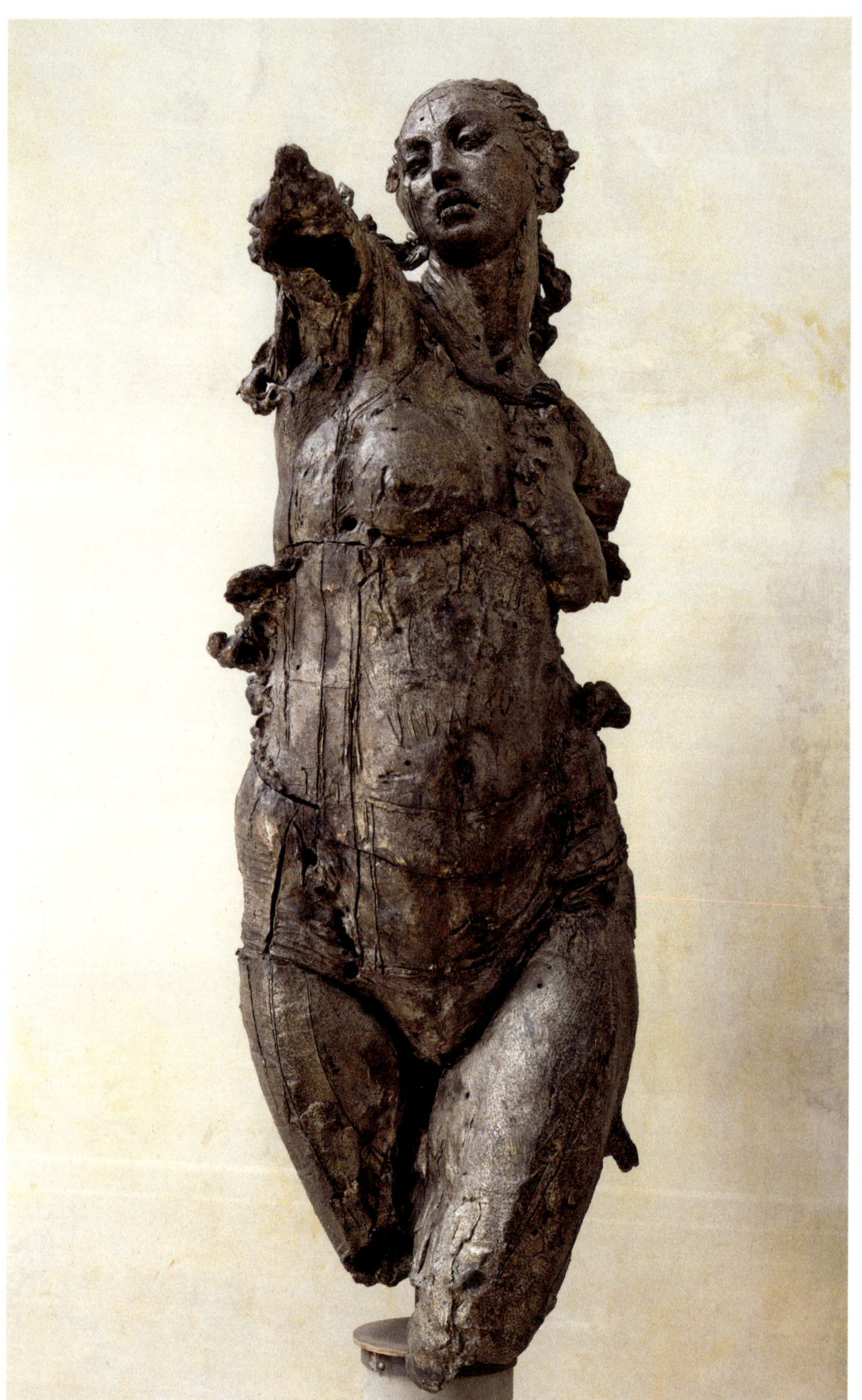

Ética y escultura

Reprodujimos en «Los ángeles ausentes» el poema de Rainer Maria Rilke que conlleva una doble dedicatoria y una doble dirección, al igual que la mirada del ángel de Paul Klee. Contempla las ruinas del pasado, petrificadas en el Apolo (¿es un Apolo?) arcaico del Louvre, y apunta hacia el arte del futuro, personificado en la imaginación que traspasa la realidad de la naturaleza de los cuerpos. Para Rilke la di-visión surge de la escultura de su admirado Auguste Rodin, de quien el poeta era secretario, es decir, guardián de los secretos. Al contemplar la obra que desde todos los puntos lo interroga y lo observa a él —a Rilke mismo— escucha un imperativo categórico, una écfrasis o una prosopopeya: *«Du musst dein Leben ändern»* («Debes transformar tu vida»). *«Ändern»*, literalmente, «hacer de tu vida otra», transformar, trastornar. No cambiar *de* vida, ni *la vida,* sino *una* vida, una muy específica, la *tuya.*

El torso que inspiró a Rilke no es, contrariamente a lo que cree la mayoría, el célebre, maravilloso y basto bloque de mármol que se encuentra en los museos vaticanos, aunque a él podrían

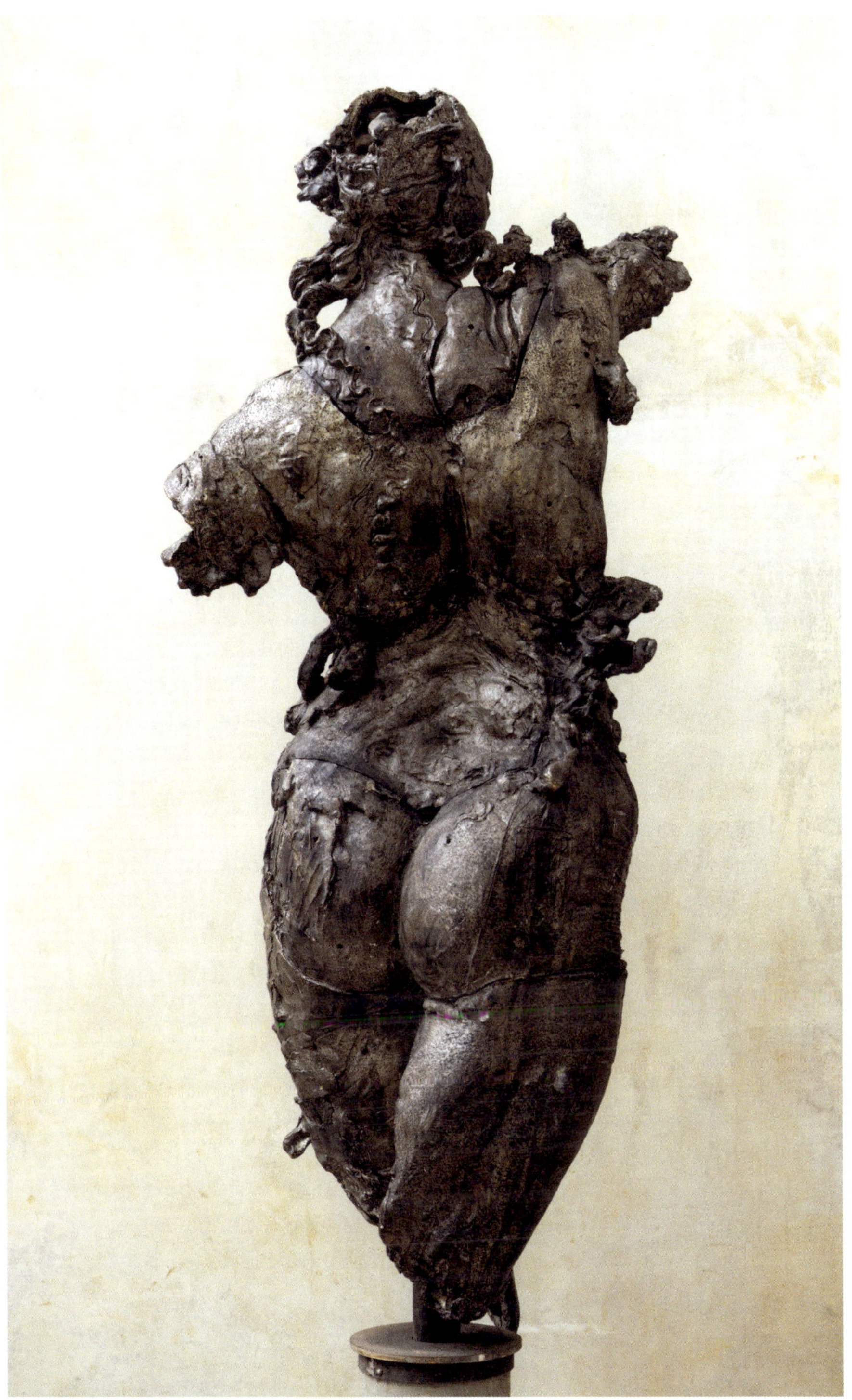

aplicarse también, y hasta con mayor precisión, los catorce versos del soneto del joven poeta. Rilke observa (y es observado por) otro, el llamado torso de Mileto desenterrado en esa ciudad del Asia Menor, tallado en 480-470 a. C, que hoy permanece donde él lo vio: en el Museo del Louvre.

Los dos torsos que nos ocupan, y que no son de Apolo, son mármoles sin oídos que continúan escuchando hoy los versos ya centenarios de Rilke. El potente bloque del museo pontificio, sin cabeza, cuya mirada nunca conoceremos, cuyo mote de «Apolo» es un invento del renacimiento y cuya atribución a Apolonio de Atenas es incierta a pesar de la firma «Apolunios, hijo de Néstor, ateniense», es un tronco de piedra que se impone a nuestra vista, la seduce y la conduce hacia el sexo, hacia ese sitio donde arraiga (echa raíces) el poder de engendrar y procrear, al sitio donde brilla el órgano, donde brilla por su ausencia, pues fue cercenado.

En cambio, el órgano que representa al falo fue púdicamente velado por el escultor del torso de Mileto que procede del siglo de oro ateniense. En ese lugar aparece un delicado diseño en forma de estrella. Fue este otro torso el que forzó a Rilke a escuchar la prosopopeya: «Debes transformar tu vida». En este caso, a diferencia del *Moisés* de Miguel Ángel, fue el mármol el que habló.

Por supuesto que ninguno de estos dos torsos tiene relación alguna con el clásico Apolo de Belvedere (bella visión) que luce también sus alabados atributos en el Vaticano y que es una representación idealizada (y, diría, cursi) de la perfección física masculina. Ese «verdadero» Apolo cuidadosamente delineado, sin huellas del martillo que lo fabricó, es la imagen misma de la completitud. Nada le falta, y quizás por eso cae en el exceso (fig. 22).

Los dos troncos desmembrados del Vaticano y del Louvre son arcaicos, salvajes, violentos, despiadados, tan criminales como su mítico precursor con el hígado carcomido: Prometeo, ladrón

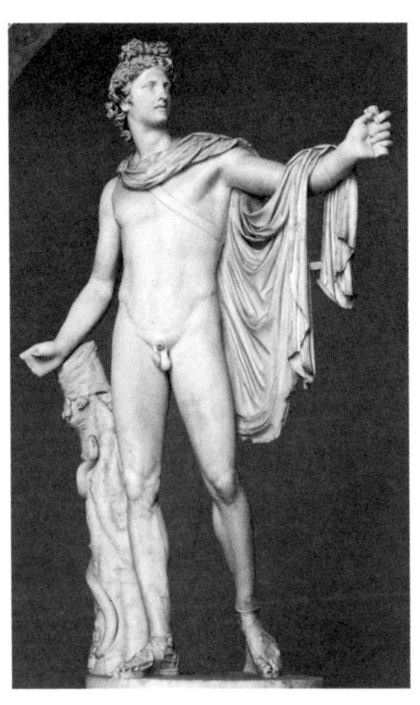

Apolo de Belvedere
Mármol.
224 cm.
Museo Pío-Clementino, Ciudad del Vaticano.

del fuego, promotor de la humanidad; son estatuas del titán encadenado a la roca.

La memoria de Rodin, tal como es evocada por Rilke, su amanuense, olvidando el modelo en nombre del arte, haciendo oír el estruendo de lo inaudito, se expresa en esos torsos sin cabeza, esas cabezas degolladas y sin cuerpo, esas pesadas alas sin ángeles.

Rodin y Marín no acuden a lo apolíneo de Nietzsche, sino a su antítesis dionisíaca. El nombre de Apolo, aplicado a ellos, es un contrasentido pues el resultado es un compromiso: la belleza truncada, una belleza a la que se aspiró, pero que sufrió las marcas de la historia. Masas de carne mineral detenidas en el camino a la gloria. Son *torsos*, fragmentos de cuerpos humanos y anónimos privados de la belleza perfecta de los clásicos; son esclavos y no Davides.

Las marcas del empeño del artista fueron acuñadas como cicatrices en la obra por un animal de presa (*raubtier*) que cubre la estatua con su piel (*raubtierfelle*). De no haber tropezado con la furia iconoclasta del escultor, esos cuerpos hubiesen sido divinos. Las obras, así como están, son «meramente» humanas. Por ello, excelsas. «No hay en ella un punto que no te mire». Atacan e imponen a quien se atreve a mirarlas, a escucharlas; una pregunta grabada a martillazos: ¿qué marcas han dejado la vida y la historia en ti? ¿cómo sobrellevas tu incompletitud, esa que te impusieron como castración y renuncia al goce?

El trabajo de Marín –como muchos, incluido el propio escultor, han dicho– admira las bellas formas y reconoce las huellas del perfecto clasicismo de Pontormo, pero lo esencial es que rehúsa la idílica belleza de la forma en favor de la confusa verdad del objeto. Al optar por la verdad define su opción como una ética paradójica y como una estética contradictoria: aspira a la grandeza por la imperfección, incluso por la fealdad. Desafía a la mirada del burgués que se sorprende y a menudo dice: «Es muy expresivo, pero se ve espantoso. Yo no lo tendría en mi casa». Por eso es que todo ángel es terrible y que su límite está fijado por cuanto el espectador, cliente del *marchand*, es capaz de soportar.

Su clasicismo está desnaturalizado, agraviado por la deformación, por los cuerpos arrumbados y dispuestos en cascada, por insólitas protuberancias, por los alambres que engarzan miembros, torsos y cabezas, por letras y llagas trazadas a fuego y martillo.

Es lo siniestro (*unheimliche*) que, al decir y al ver de Eugenio Trías, asoma en *El nacimiento de la primavera*. Los retratos de Rembrandt se distinguen de manera inconfundible entre sus contemporáneos porque muestran las huellas dejadas por el pincel, el proceso de su creación singular al margen de las tersas promesas del naturalismo o del aceitado decantarse del simbolismo. Las palabras del espectador sobran, pues se le conmina a callar y escuchar «lo que [le] dice la noche» (G. Mahler, tercera sinfonía).

O eso que el espejo, al verme, mata de mí. Como lo hace, a su modo, «el torso arcaico de Apolo».

Tal es la auténtica misión del expresionismo cuando rechaza la pretendida misión imitativa del arte que sigue a la naturaleza y a las convenciones de la bella forma, del kitsch, del *bel-vedere*, del buen gusto *salonnard*, desafiando al ojo (y al oído). Se exhibe lo que no puede saberse. En otras palabras y en apresurada metáfora, lo inconsciente, lo ya sabido que se prefiere ignorar.

Por horror al saber se recurre al artificio de la complicidad del otro, muchas veces el artista mismo, que preserva ese no saber, que tranquiliza y relega al confort del sueño, es decir, a lo transitorio y fácil de olvidar; las asperezas de lo real cuyos mensajeros son los terribles ángeles que extienden sus alas más allá de la palabra y de la imagen.

Nunca la naturaleza es cursi. Sí lo es el arte cuando pretende copiarla y hacer olvidar lo que en ella se esconde, lo inquietante

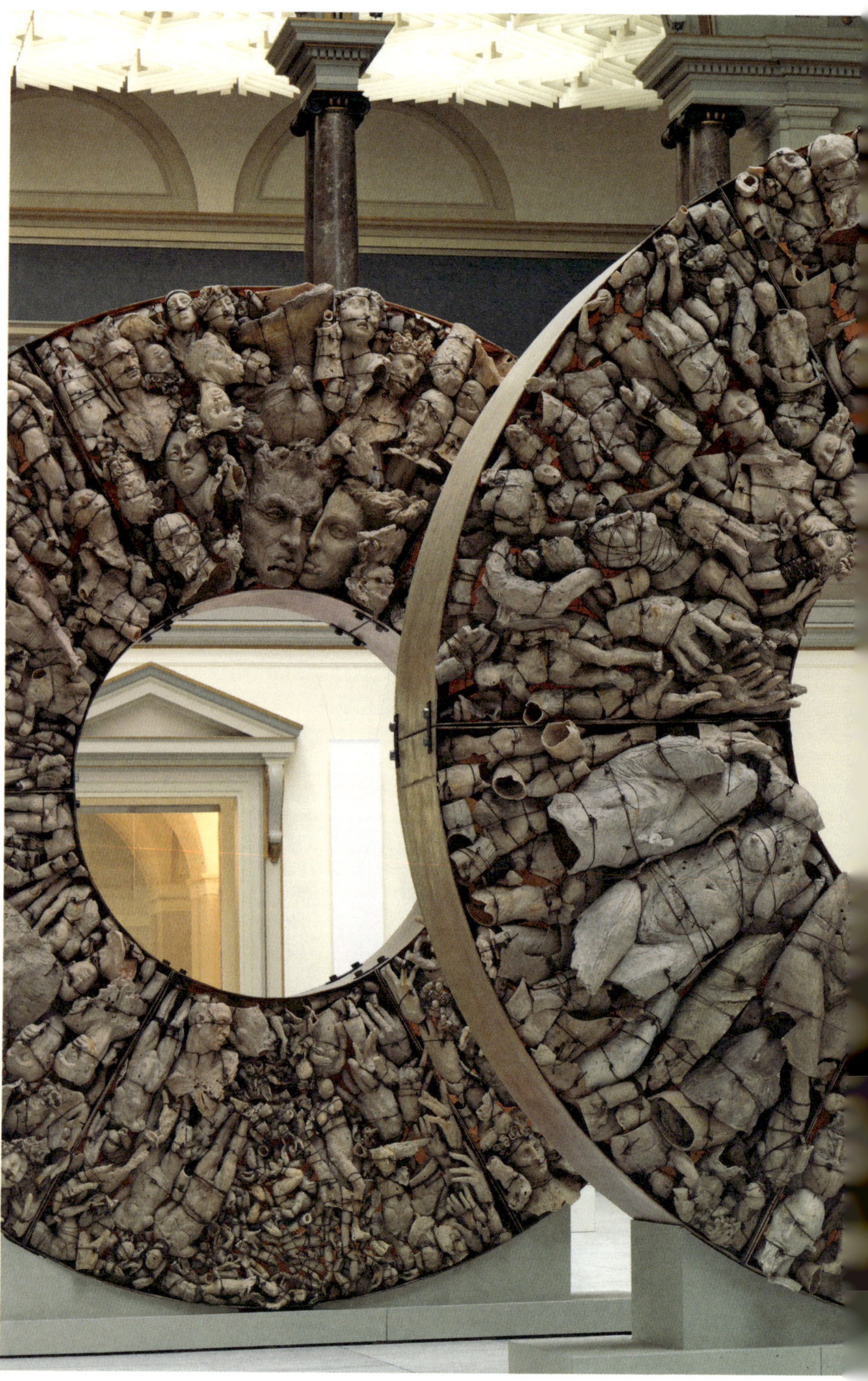

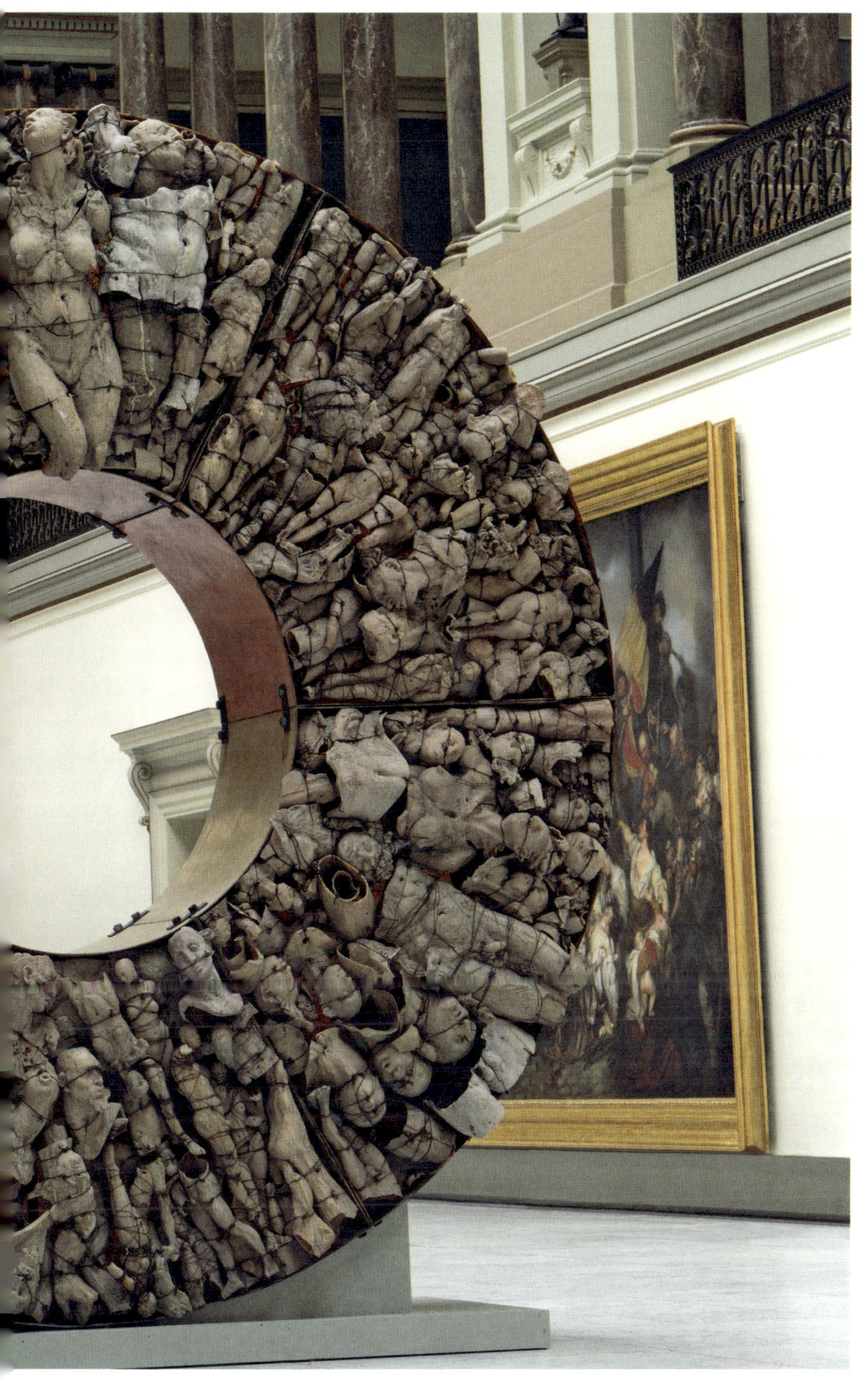

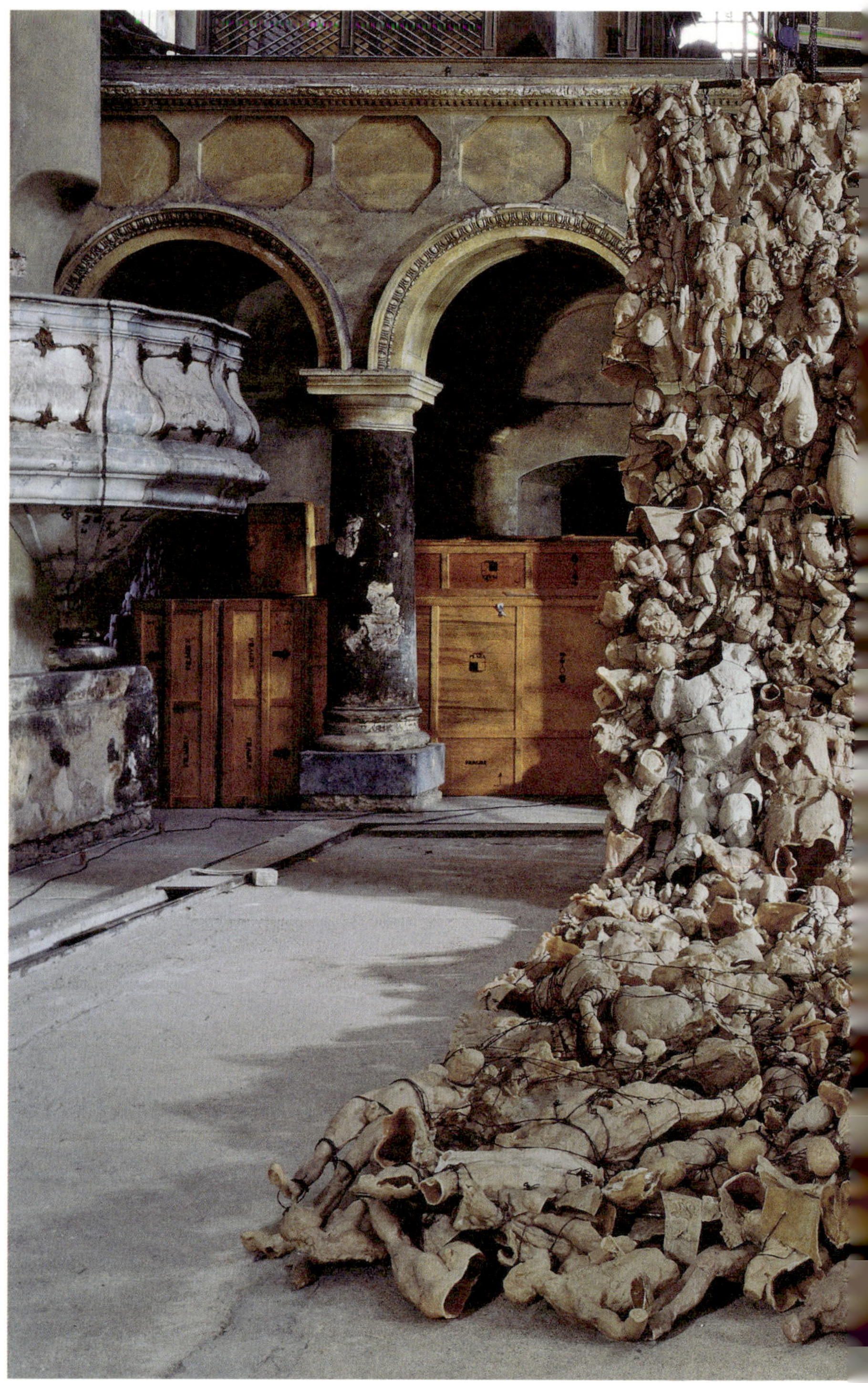

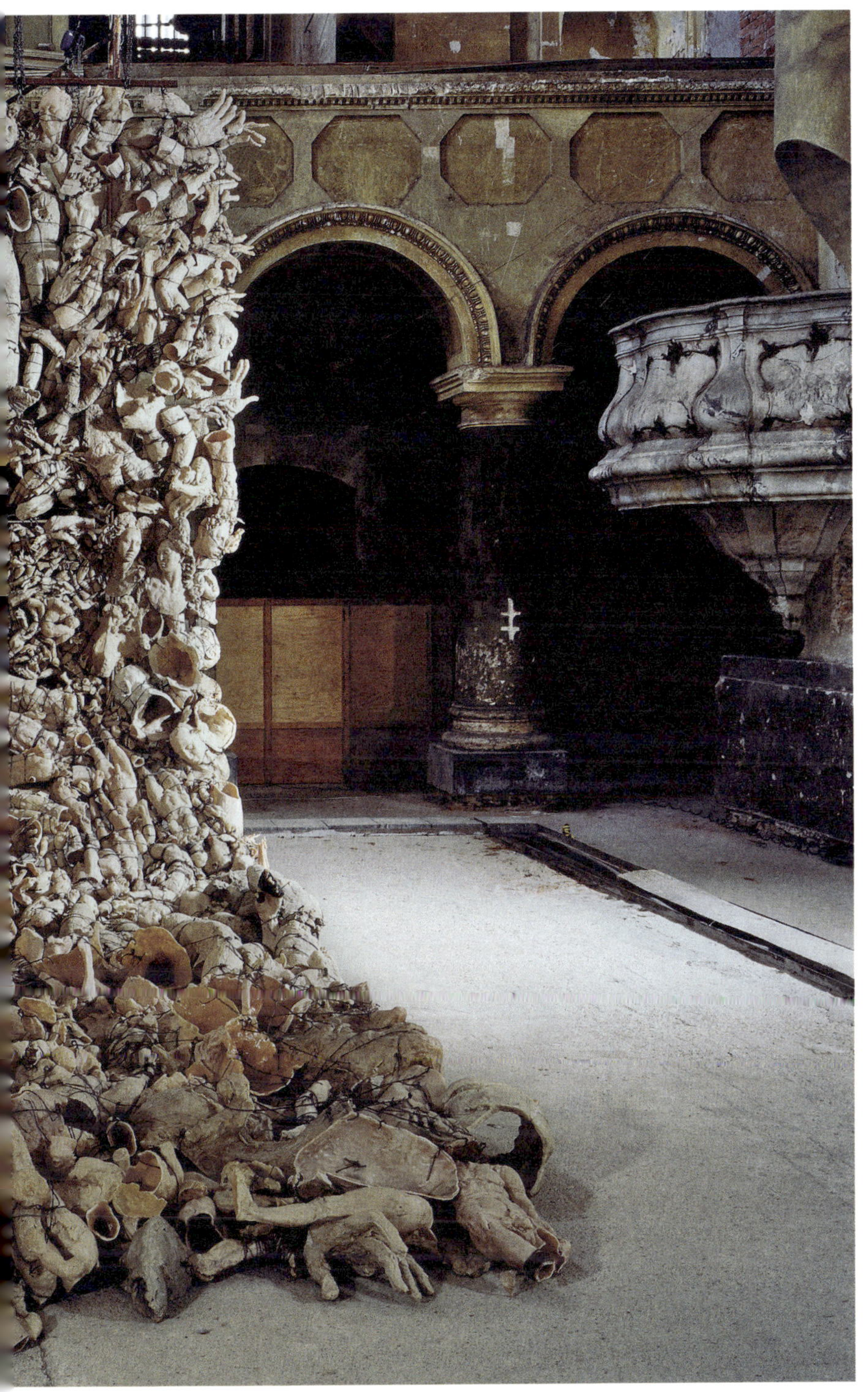

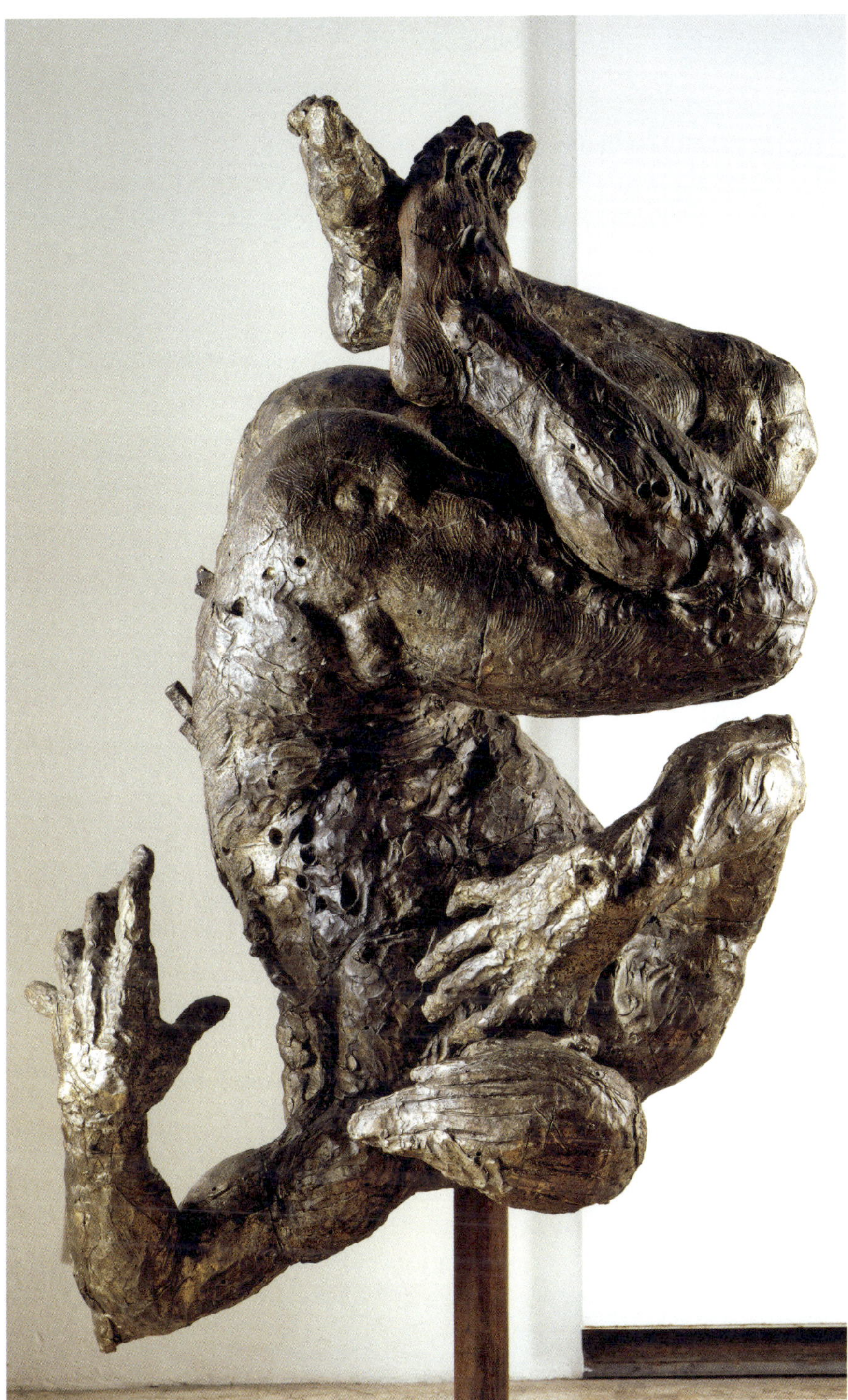

que el aduanero Rousseau revela en sus paisajes, Chardin en sus piezas de cacería y mantarrayas, incluso en sus niños, o Cézanne en sus manzanas y autorretratos. Ellos han pintado el exceso que se oculta y se reprime en lo que se deja ver. Trabajan las mil maneras en que el ojo es engañado por lo visible.

En el caso de Javier Marín, es la ordalía a la que todo cuerpo humano es expuesto en el curso de la vida, el vaciamiento del goce por las renuncias que la cultura exige. Todos los rostros, todos nuestros cuerpos han perdido la perfección y han sido dañados por la historia.

Arriesguemos: la naturaleza carece de autoridad para guiar el arte; el arte detenta la autoridad para guiar la vida, para tallar a la naturaleza como lo demuestra la arquitectura mediante catedrales, puentes, casas, neopaisajes urbanos y rurales. El mundo humano es el mundo que los artistas han construido violentando la naturaleza, muchas veces potenciando la erosión, la eros-ión, ese trabajo del tiempo, «infatigable escultor», según la autorizada palabra de Marguerite Yourcenar.

La obra de Marín, como esos torsos desbastados por el tiempo, conmina al espectador a preguntarse por lo que les pasó a los tres en el proceso del tallado: a la obra, al escultor y a él mismo. No se puede pasar tranquilamente delante de ella sin sentirse llamado a explorar las propias *faltas* en el triple sentido de las ausencias, las deudas y las culpas. No es una cosa, no es un objeto inanimado lo que se ofrece a la mirada: es por eso por lo que la escultura habla y ordena. Dice y hace decir.

En la Escuela de Medicina se nos hizo estudiar dos anatomías: en primer año, la descriptiva de las partes del cuerpo; en el segundo, la quirúrgica. En esta última lo que se ve es el resultado de cortes, de tajaduras que revelan lo invisible de las relaciones entre huesos, músculos y vísceras del cuerpo, como una bolsa de órganos contenidos en un envase de frágil piel.

Las esculturas de los expresionistas son contrarias a la morfología, residuales con relación a la naturaleza, deshechas, mal hechas y maltrechas, reveladoras de las subyacencias de las formas íntegras que la fotografía –ese ojo con memoria– reproduce inocentemente a menos que haya un artista detrás de la cámara.

La perfección y lo maravilloso en estas obras dependen justamente de que el artista se ha separado de las formas naturales y estas han perdido su autoridad como expresiones de una «realidad» que ha sido relegada al periodismo y a la fotografía, de la que se han apropiado los teléfonos móviles. Con estas esculturas, que perforan y trepanan la realidad, otras cabezas y otros torsos aparecen. Cabezas y torsos que denuncian lo convencional y anuncian, no lo que es, sino lo que vendrá, lo que podría ser, lo que no se puede aún ni pensar ni soñar. Son heraldos de otra vida, detergentes que disuelven la cotidianeidad de las formas y la degradación del lenguaje utilitario, de los *tweets*, los *likes*, los *shares*.

¿Qué nos recuerdan? Que debemos cambiar nuestras vidas. Que la fragmentación que nos empeñamos en desconocer es lo más bello y profundo, y por eso extraño, que hay en nosotros. Lo más íntimo, lo más éxtimo. El núcleo interior de lo siniestro que no podemos reconocer. *Unheimliche, uncanny*, mensajeros de una *inquiétante étrangété*. Esa extrañeza que en francés coincide con el *être ange*, ser el ángel que perturba.

Manejando buril y cincel, Marín se sumerge en la antigüedad y trasciende el museo de la historia del arte. Los hombres son dioses, más que hombres, como dice Sarastro en *La flauta mágica* o Prometeo en el poema epónimo de Goethe. En la perdurabilidad del mármol ha quedado escrito un mensaje trascendental, más allá de cualquier escatología. La sólida pieza es un mensaje inacabado, un discurso y un documento, un llamamiento a los ojos animados por la inteligencia y la sensibilidad, una desautorización de las teologías tradicionales.

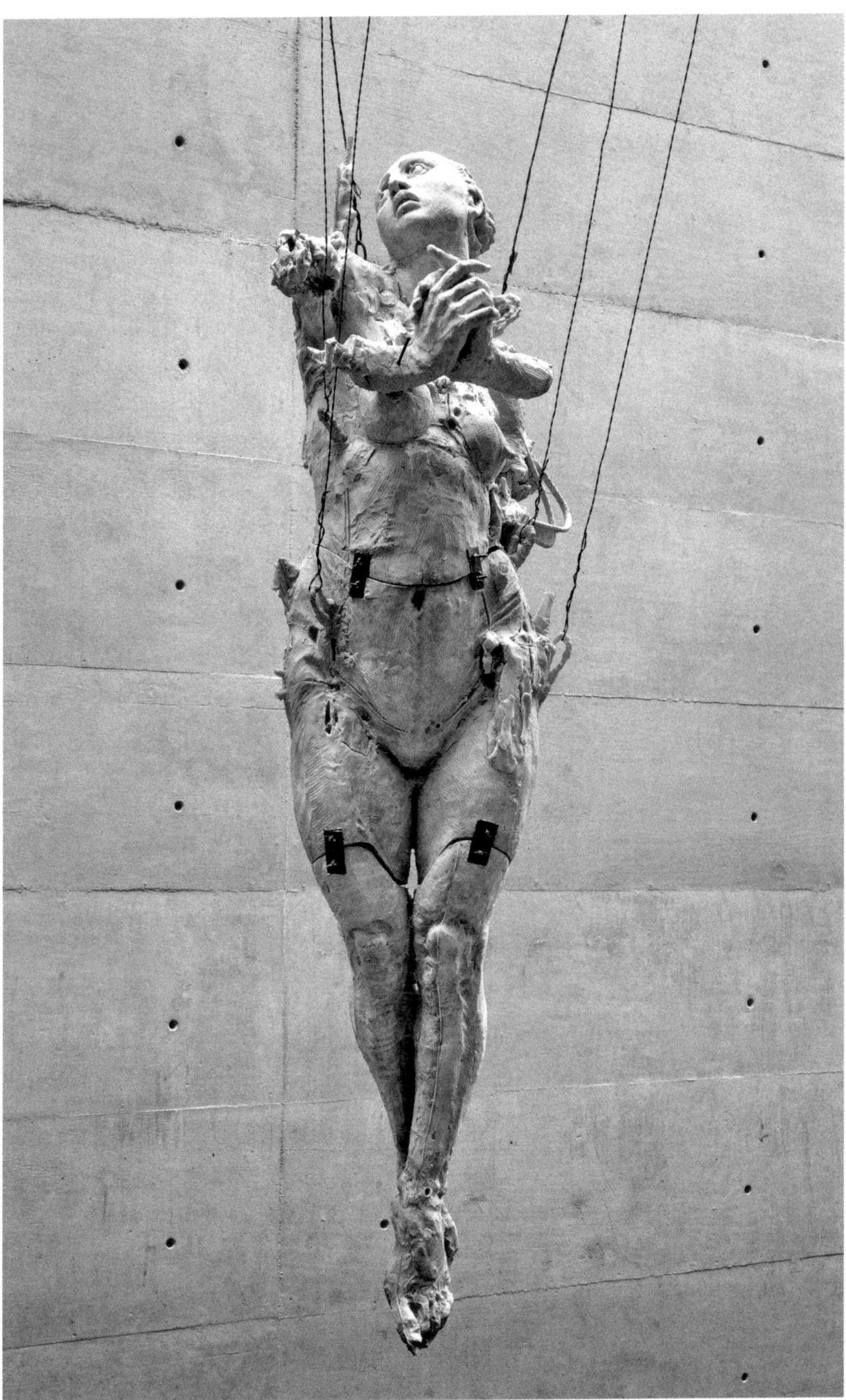

No hay lugar para el engaño y los mensajes reconfortantes. La verdad no ha sido dictada por un ente superior e insondable, sino que ha sido creada por un artífice. La piedra se ha transformado en papiro, en tableta de arcilla, en escritura a descifrar. Ella nos mira y nos traspasa con una agudeza mayor que la que nosotros somos capaces de ver en ella.

En los trazos de esa escultura debemos leer nuestra historia. Los objetos hechos con la violencia del martillo nos dicen de las partes ignoradas de nosotros mismos. Nos desplazan y nos arrojan fuera de nuestro ser imponiéndonos el suyo en un espacio del que creíamos ser dueños. Se meten en nosotros y nosotros nos metemos en ellos, en un proceso de insólita promiscuidad. Ante los torsos de la antigüedad y ante las estructuras de nuestro escultor somos los objetos radiografiados y escaneados por la piedra y el barro. Por eso «no hay en ella[s] un punto que no te mire». Nos desafían a decir quiénes somos y cuál es la inautenticidad que permea esa vida que debemos cambiar.

La escultura deviene en mandamiento.

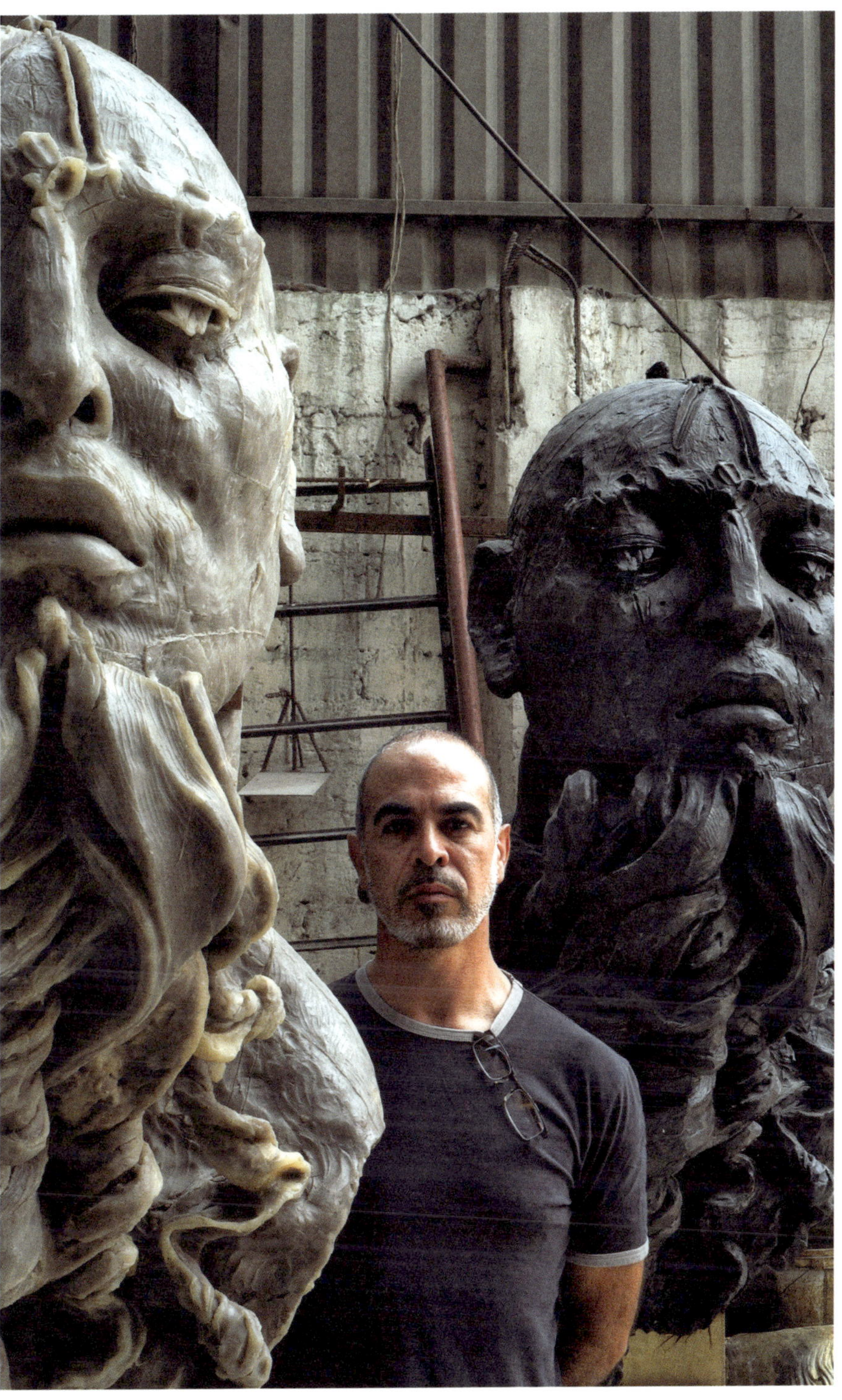

Índice

Colección Arte